# 信息化背景下的高校财务建设与管理

张 菊 著

中华工商联合出版社

**图书在版编目（CIP）数据**

信息化背景下的高校财务建设与管理／张菊著．——
北京：中华工商联合出版社，2023.6
ISBN 978-7-5158-3698-0

Ⅰ.①信… Ⅱ.①张… Ⅲ.①高等学校—财务管理—
研究—中国 Ⅳ.①G647.5

中国国家版本馆 CIP 数据核字（2023）第 113540 号

**信息化背景下的高校财务建设与管理**

作　　者：张　菊
出 品 人：刘　刚
责任编辑：于建廷　王　欢
封面设计：清　清
责任审读：傅德华
责任印制：陈德松
出版发行：中华工商联合出版社有限责任公司
印　　刷：北京毅峰迅捷印刷有限公司
版　　次：2024 年 1 月第 1 版
印　　次：2024 年 1 月第 1 次印刷
开　　本：710mm×1000 mm　1/16
字　　数：200 千字
印　　张：10
书　　号：ISBN 978-7-5158-3698-0
定　　价：49.00 元

服务热线：010-58301130-0（前台）
销售热线：010-58301132（发行部）
　　　　　010-58302977（网络部）
　　　　　010-58302837（馆配部、新媒体部）
　　　　　010-58302813（团购部）
地址邮编：北京市西城区西环广场 A 座
　　　　　19-20 层，100044
http://www.chgslcbs.cn
投稿热线：010-58302907（总编室）
投稿邮箱：1621239583@qq.com

# 前言 PREFACE

随着信息技术的蓬勃发展，社会已经进入网格化、智能化、智慧化时代。由于高校规模不断扩大，剧增的生源和多元化的财政收支给高校财务管理带来了巨大的压力，传统的财务管理模式已经无法满足信息化背景下的业务需求。业务流程不统一、数据信息混乱等都是高校财务管理普遍存在的问题，急需利用信息技术对高校的财务管理模式进行变革，提高财务管理水平。因此，全面加强财务信息化建设成为高校财务管理发展的必然趋势，《信息化背景下的高校财务建设与管理》正是在此背景下成书。

本书是一本集理论研究与实践总结于一体的综合性共享参考书，共包含六章内容。第一章对信息化时代的财务工作进行整体概述，解读了信息化时代，梳理了信息化时代财务工作的演变，对财务智能化、智慧化的必然性进行研判，并探讨了信息化对高校财务建设与管理的影响。第二章对高校财务管理信息化建设的现状、存在的问题及建设的必要性进行深入分析。第三章对新技术在财务管理中的创新运用进行了分析盘点，包括云计算技术、大数据技术及区块链技术在高校财务管理信息化中的运用。第四章提出高校财务信息化建设的总体思路，具体论述了高校财务管理信息化建设的理论支持、建设原则及建设策略。第五章重点就高校财务管理平台的建设进行研究，重点对平台的功能设计及实施效果进行了分析。第六章提出了信息化背景下增强高校财务管理能力的路径与保障，指出了需要明确高校财务管理信息化建设的目标和内容，就提高信息化管理水平的策略进行了深入探讨，并从多个维度探索了高校财务信息化建设与管理的保障问题。

本书结构合理，脉络清晰，可以为正在建设或准备建设财务信息化管理的高校以及相关领域的研究者和学习者提供宝贵的经验与参考。

本书在写作的过程中参考了国内外很多学者的研究成果，在此表示诚挚的谢意。由于作者精力与能力所限，书中难免存在不足之处，敬请广大读者朋友批评指正，不胜感激！

著者
2023.3

# 目录 CONTENT

# 第一章　信息化时代的财务工作

现代经济已经开始向工业经济转变，财会工作作为经济环境的重要产物，随着经济社会的不断发展，也会做出一定程度的调整，这就使新时期的财会工作与传统意义上的财会工作存在一定程度的差异。因此，财会工作在信息化时代面临着更为严峻的挑战。只有对此有明确的认识和全面的了解，才能够使财会工作更好地开展，并且可以更充分地发挥其应有的作用。本章重点就信息化时代内涵、财务工作的演变、信息化时代智能财务的必然性以及信息化对高校财务建设与管理的影响进行研究。

## 第一节　信息化时代概述

1967 年，日本学者提出了"信息化"的概念，认为信息化既是一个技术进步过程，又是一个社会变革过程，它既改变了生产组织体系、生产方式和社会经济结构，又推动了人类从工业社会向信息社会的动态迈进。这说明信息化推动人类社会的全方位进步。正在全球开展的信息和信息技术革命正以前所未有的方式对社会变革的方向发挥决定作用，其结果必定导致信息社会在全球的实现。信息化时代即为在信息化作用下开创发展的时代，这不仅体现了信息技术的蓬勃发展，而且体现了在人类社会进步的时代背景下，人们通过这项文明成果产生更多传递信息、获取资源、交流对话的诉求，它赋予了一定的时代特征。

信息化时代是一个外延极为宽泛的词汇，其包含信息、信息技术、信息化、科学、技术等范畴。我们必须对这些概念和范畴进行梳理，以利于更好地理解信息化时代的含义，有利于对信息化时代人的异化问题进行研究。

### 一、信息化时代的形成因素与过程

毫无疑问，人类是地球上唯一能够创造出灿烂文明的物种。但是，单纯从生物的角度来看，人类并没有什么出色的身体机能，甚至与很多其他的动物相比人类还处于劣势。例如，我们没有猎豹的速度、没有飞鸟的翅膀，也没有能在水下呼吸的。然而，人类却有其他物种无法媲美的改造自然和认识自然的能力。这种能力的形成就在于，人类懂得了创造和使用工具来放大自己身体器官的机能，扭转人类在自然界中的劣势。正是人类对工具的创造与应用，才开启了人类与技术的历史。任何技术的产生，一定是为了满足人类在某一方面的需求。没有人类的需求，技术是不可能被人类所创造的。与此同时，技术的创造与运用并不是一蹴而就的，它是在已有技术改进和超越的基础之上被人类创造的，就犹如古代的人类想要翱翔蓝天，但他们无论如何是不可能实现的。无论是一项技术还是一个技术时代，一定是在满足了人类的内在需求和相关技术支持的基础之上，才有可能出现在人类历史的舞台上。也就是说，弄清楚信息化时代的形成，是对信息化时代进行全面客观研究的理论基础和逻辑前瞻。①

（一）信息化时代的形成因素

1. 信息化时代形成的内在因素

其实，人类社会并不是发展到了今天才开始对信息和信息技术如此青睐。信息是人类认识自然改造自然的媒介，是对物质世界的反映，它介于客观物质与主观意识之间。如果没有信息，人类就无法认识客观世界。人类对于信息的应用有着非常悠久的历史，其几乎是伴随人类而生的。同时，在人类的发展过程中，人类又不断改进搜集、加工、储存、传递信息的手段。这也就拉开了人类对信息技术改造的序幕。信息技术是主要用于管理和处理信息所采用的各种技术的总称。"信息技术"可以从广义、中义、狭义三个层面来定义。

广义而言，信息技术是指能充分利用与扩展人类信息器官功能的各种方法、工具与技能的总和。该定义强调的是从哲学上阐述信息技术与人的本质关系。

中义而言，信息技术是指对信息进行采集、传输、存储、加工、表达的各种技术之和。该定义强调的是人们对信息技术功能与过程的一般理解。

---

① 李美. 大数据时代会计信息化面临的风险和对策当代会计 [J]. 2020 (5)：151-152.

狭义而言，信息技术是指利用计算机、网络、广播电视等各种硬件设备及软件工具与科学方法，对文图声像各种信息进行获取、加工、存储、传输与使用的技术之和。该定义强调的是信息技术的现代化与高科技含量。

信息技术是不断伴随人类社会的进步而进步的，是人类社会认识外部世界的重要因素和必要条件。它是人类社会向前发展的内在需求，而且随着生产力的提高，这种需求必然更加强烈。

第二次技术革命以后，人类社会进入电气化时代，人类社会的生产力水平有了很大的提高，同时交通工具也得到了改进。巨大的生产能力使得人类社会需要更多的原料产地和销售市场，这就对人类社会搜集信息和处理、传递信息有了更高的要求。而成倍生产出的货物和纷繁复杂的交通网络，使得人类社会不得不更多地考虑对于信息的管理与存储，这就对当时已有的信息技术提出了挑战。同时，作为独立的个人来看，日新月异的外部世界为个人提供了更加丰富的信息资源，显然也就对个人应用信息的能力提出了更高的要求。也就是说，在第二次技术革命以后，无论是个人还是人类社会，都对信息和信息技术提出了更高的要求。这种强烈的诉求逐渐成了信息化时代形生的内在原因。

2. 信息化时代形成的外在因素

人类对于信息资源的巨大需求，以及人类对于信息技术改进的迫切愿望，构成了信息化时代形成的内在动力。具备了内在动力只能代表满足了信息化时代形成的充分条件，相关技术的突破和科学理论的提高才是信息化时代形成的必要条件。人类社会在近现代经历的三次技术革命正好为信息化时代的到来提供了技术支持和理论准备。第一次技术革命爆发于 18 世纪中叶，以纺织机械的改进为起点，以蒸汽机的发明与应用为标志，所以其又被称为蒸汽动力革命。这次革命使得机械动力代替了人力和畜力，将原来的工场手工业过渡为大机械生产的工业技术体系，不仅改变了工业生产部门的面貌，而且也使得科学和教育得到了发展。第二次技术革命爆发于 19 世纪中叶，以电力技术为主导，带动了化工、冶炼、交通、通信等多领域的发展，所以人们也将第二次技术革命称为电力技术革命。正是因为电力技术在这一次革命中得到了广泛的运用，所以人类社会进入电气化时代，众多的科学理论有了重大突破，如电磁理论、相对论、量子力学等，这些都为信息技术的革命提供了理论支持。与此同时，一大批发明与创新，如无线通信、化工合成技术等为信息技术的革新提供了技术支持。人类历史上第三次技术革命——信息技术革命在 20 世纪中叶爆发,计算机技术的应用与发展使得这一技术革命有了改写历史的意义。首先,计算机的应用使得人类对于信息的处理由人工化、机械化转变成了智能化,大大提高了人类对信息资源的使用效率;其次,计算机技术与通信技术的结合,使得人类有了更加安全可靠的信息传输平台,颠覆了人类对于信息资源及信息技术的传统观念。纵观这三次技术革命,它们都为信息化时代形成提供了间接或直接的技术支持,构成了信息化时代形成的外部原因。

(二)信息化时代的形成过程

显然,信息化时代的开端是第三次技术革命。但是,第三次技术革命并不是信息化时代的全部,它只能说明信息化时代的形成有了可能的技术条件。一项技术的突破,何以冠以一个时代的名称,它又带给了这个时代什么?对于这些问题的回答才是信息化时代形成的关键。

人类社会在经历了第一、二次技术革命之后,科学理论与技术之间的关系发生了改变。在第一次技术革命过程中,人类社会主要还是依靠工艺技术的积累,科学理论滞后于生产与技术的需求。第二次技术革命与第一次技术革命有所不同,技术的革新源于科学理论的指导,科学理论成为技术革新的先导,为其提供了巨大的支持。第三次技术革命的爆发以爆发间隔时间短、发展速度快、渗透性强等为特点,这些特点说明了在第三次技术革命过程中,科学与技术的关系变成了相互促进的关系。科学理论对人类社会的技术需求给予了指导,而技术手段的改进又反过来推动着科学理论的不断进步。同时,信息技术的突破只是这一次革命的先导,随着信息技术的广泛应用,它已经引起了社会各个方面、各个领域的深刻变革。其打破了人类已有的思维范式,技术的应用与革新不再是小范围,或者说是纵向性的,它突破和改变的不再是旧有的相关技术和相关领域。这是因为信息技术的改变不仅使得人类社会掌握了更加高效的信息处理手段,也使得人类社会认识外部世界的媒介和方式发生了改变。正是这种改变,使得人类将新的信息技术应用到不同的社会领域之中;同时,这种应用也催生了各领域技术的革新,使整个人类社会进入一场变革之中。这样看来,信息技术的应用带动的不仅是信息领域的一次飞跃,而是对人类社会各领域技术的集群化革命,是对人类社会的一场变革。

这一系列的变化过程被各国学者和政府称为信息化。《2006~2020 年国家信息化发展战略》中对信息化的定义如下："信息化是充分利用信息技术，开发利用信息资源，促进信息交流和知识共享，提高经济增长质量，推动经济社会发展转型的历史进程。"① 其实不难看出，信息化事实上是指信息技术从技术革新到投入应用再到带动各领域技术革新的历史过程，它是信息技术革命与信息化时代的中间状态。信息化时代正是对人类社会信息化过程的反映。

## 二、信息化时代的含义

对于信息化时代的含义，学界并没有一个明确的定论。这一方面源于学者们对于信息化时代的研究有着不尽相同的视角和研究方法；另一方面则源于我们正处于信息化时代之中，而且信息化时代也在不断地变化发展，体现出新的特征。作者在综合前面对信息化时代研究的基础上认为，信息化时代是人类社会继农业化时代、工业化时代之后的又一次社会转型，与农业化时代和工业化时代不同的是，信息化时代是以信息技术为先导，带动其他各种高精尖技术的应用与研发的时代。值得注意的是，信息化时代的含义并不只是对某一技术或某几项技术应用与研发的描述，更多的是对这一阶段中人类社会各领域面对技术带来的变化时的集中反映。科学技术一直以来都是人类社会取得进步的重要因素，也在一定程度上改变着整个人类社会的环境，它的改进与应用直接深刻地影响着人类社会。我们对于信息化时代的理解不可能只停留在技术层面上，而应该更多地对时代中人类的意识形态、社会环境进行了解。

综上所述，信息化时代的含义是：以信息技术的革命为先导，带动其他各项高新技术快速发展，并对人类社会产生深远影响的历史时期。信息化时代不仅是一个时间和空间的叠加，而是对于这一时期人类社会集体意识和社会形态的描述。

---

① 新华社.2006-2020 年国家信息化发展战略 [EB/OL].

## 三、信息化时代的特征

信息化时代的特征是区别于其他时代的标志，是对信息化时代含义的反映。对信息化时代特征的研究，也是对信息化时代发展规律的探究。

### （一）知识与技术智能化

这里的智能化主要是相对于工业化时代的机械化而言的，其主要体现在两个方面：一是知识在整个人类社会活动中贡献比例和地位的变化；另一方面体现在技术工具或技术手段的智能化。前者主要是指知识在整个人类社会活动中所起的积极作用较之其他要素要大得多，其地位也重要得多；而对于技术工具或技术手段的智能化则主要是指在生产活动或社会管理活动中，自动化控制技术、计算机技术、互联网技术的应用与发展。

### （二）信息电子化

电子化是指利用现代电子技术，以促进人类社会良性发展和人类生活水平不断提高为目的的历史进程。这里的电子技术一般分为两类：电力电子技术和信息电子技术。就现在人类社会所处的实际情况来看，这种技术主要是指信息电子技术，具体地说，就是指现代通信技术、计算机技术、网络技术等现代化高科技技术。

2021 年 2 月，中国互联网络信息中心发布报告显示，截至 2020 年底，我国网民规模达 9.89 亿；互联网普及率达 70.4%。进入 2021 年以来，我国通信业经济市场呈现稳定态势，电信业务收入稳中有升。数据显示，2021 年 1—5 月，我国电信业务收入累计完成 6127 亿元，同比增长 6.7%；电信业务总量为 6578 亿元，同比增长 27.9%。2021 年 5 月 26 日，2021 中国国际大数据产业博览会在贵州省贵阳市开幕。会议中提到，我国大数据产业基础日益巩固，5G 终端连接数超过了 3.1 亿，占全球比例超过了 80%。① 无论上述数据是对互联网技术的统计还是对现代通信技术的统计，我们都能看出，电子化已经成为信息化时代的一大特征。

---

① 曲柏龙，王晓莺，冯云香. 信息化时代财务工作现状与发展 [M]. 长春：吉林人民出版社，2021：5.

### （三）经济生活全球化

全球化的概念主要体现在地域和社会生活两个方面。从地域上来看，随着现代通信技术和交通工具的发展，地域之间的距离在不断缩短，人们足不出户就能通过视频见到千里之外的亲人。四通八达的交通网络把地球变成了地球村，并能使人们快速安全地迁徙到世界的任何角落。另一方面，人类的社会生活也在走向全球化，国与国之间、民族与民族之间，无论是经济合作还是文化交流与认同，都变成了一种常态，国家的概念和界限已经在人们的心目中变得不是那么清晰。大多数国家的政府也在积极地参与全球化的进程，这似乎变成了历史的一种潮流。

### （四）流程非群体化

非群体化是指在信息化时代，个人可以在信息技术和其他智能技术的帮助下，完成以往需要群体参与才能完成的工作。例如，以往对于信息的接收和发送需要借助系统庞大的传统媒体，而现在个人可以利用互联网技术和智能移动设备对周围发生的事情进行实时报道，人们也可以个性化地选择接收自己关心的信息。同时，对于自己的观点也可以毫不隐讳地发布，而不用再顾左右而言他。从生产方面来看，由于数控机床和自动化控制技术的发展与应用，以前需要集体完成的工作，现在只需要单人操作即可完成。

### （五）技术与知识更新的快速化

在信息化时代，知识与技术的更新换代速度是非常快的。就连接网络的方式来看：2002 年，我国拨号上网计算机数为 1200 万台，而在三年以后这一数据又发生了巨大的变化。据中国互联网络信息中心提供的数据显示，2005 年采用宽带上网的人数已经达到 6430 万人，占当年网民总数的57%，超过了采用拨号上网的网民数量。到 2012 年底，中国互联网络信息中心发布的报告中已经没有对拨号上网的调查结果。另据数据显示，2007 年使用手机移动设备上网的网民仅 5040 万人，2006 年中国互联网络信息中心的第 18 次调查报告中没有对手机网民的调查结果，而五年后使用手机移动设备上网的网民已经达到 41997 万人，占网民总数的 74.5%，已经超过了使用计算机上网的网民数量。《2021 年 7 月 10 日中国移动互联网行业分析报告——

市场现状与发展趋势分析》显示，近年来，我国移动互联网快速发展。① 我国移动互联网接入流量截至 2021 年 07 月 10 日为 553.9 亿 GB。随着移动互联网的普及，我国网民使用手机上网的比例也逐渐增多。截至 2021 年 07 月 10 日，我国网民使用手机上网的比例达 99.1%，较去年提升 0.5 个百分点。使用手机移动设备上网的网民，远远超过了使用计算机上网的网民数量。

总之，信息化时代的特征表明，信息化时代是一个以信息技术、互联网技术、自动化控制技术等高新技术为主导的时代，人类社会生活有了巨大的改变。

# 第二节　财务工作的演变

## 一、传统会计工作存在弊端

在传统手工方式下，财务会计人员首先用纸和笔等工具对相关原始单据进行核算；然后填制财务记账凭证，经过审核以后登记相应的明细账簿和总账；最后经过各账簿之间的钩稽关系汇总计算填报各种财务决算报表，进而如实反映发生的各种经济活动，提供给各类决策人员使用。

从财务会计工作流程可以看出，在手工方式下，财务会计人员必须进行大量繁琐的简单汇总计算工作，极易产生错误，工作效率不可能有较大提高，且数据的真实性也会打折扣。财务会计工作效率的高低决定了企业资金利用率的高低，进一步会对企业的发展产生一定的影响。尤其在当前激烈竞争的市场大潮中，财务工作水平的高低从某种意义上来说甚至决定了企业的兴衰成败。在手工方式下，财务会计的主要工作内容和大量的工作时间实际上集中在登账、结账和填制财务决算报表过程中的大量汇总计算，专业财务会计人员无法从上述简单的重复劳动中解脱出来，同时也没有更多的时间和精力运用自己的专业技能和经验将企业的各种资金进行更好的科学管理和运用。

---

① 人民网.2021 年 7 月 10 日中国移动互联网行业分析报告——市场现状与发展趋势分析 [EB/OL].

## 二、会计电算化是财务信息化的过渡

现阶段社会经济进入信息化发展时代，信息技术被广泛应用到人们的生产与生产活动。在此背景下，信息成为实现稳定与可持续竞争的重要资源。保证会计信息准确性、完整性、真实性、安全性成为高校关注的重点问题之一。这在一定程度上对会计电算化提出了更好要求，实现会计电算化向财务信息化的转变成为必然趋势。

### (一) 会计电算化的含义

随着会计电算化的不断发展，会计电算化的含义得到了进一步的延伸，它不仅涉及会计信息系统（会计核算、会计管理、会计决策等）的理论与实务研究，而且还融进了与其相关的所有工作，如会计电算化的组织与规划、会计电算化的实施、会计电算化的管理、会计电算化人员的培训、会计电算化制度的建立、计算机审计等内容。现在人们普遍认为，会计电算化是现代会计学科的重要组成部分，它是研究计算机会计理论与计算机会计实务的一门边缘学科。

会计电算化是指电子计算机技术在会计工作中的应用过程。它是以计算机为基本工具，由会计人员通过操作会计应用软件来完成会计工作的。

会计电算化发展的过程是一个从实践应用到会计实务变更、再到会计理论突破的过程，是会计学科发展的必由之路。会计电算化的内容是比较广泛的，可以从不同的角度进行归纳。

从会计电算化信息系统的角度看，会计电算化是一个人机相结合的系统。它的基本内容包括人员、计算机硬件、计算机软件和会计规范。

1. 会计电算化基本内容

(1) 人员是指从事会计电算化工作的人员，如会计主管、系统开发人员、系统维护人员、凭证录入人员、凭证审核人员、会计档案保管人员等。

(2) 计算机硬件是指进行会计数据输入、处理、存储及输出的各种电子设备，如键盘、光电扫描仪、条形码扫描仪等输入设备；磁盘机、光盘机等存储设备；打印机、显示器等输出设备。

(3) 计算机软件是指系统软件和应用软件。系统软件包括操作系统、数据库管理系统等。应用软件是根据一个单位、一个组织、一项任务的实际需要而研制开发的软件，即凡是为解决某些具体的、实际的问题而开发和研制的各种程序，都可称之为应用软件。会计软件就是一种应用软件，它是专门用于会计数据处理的软件。

（4）会计规范是指对会计电算化系统的运行进行控制的各种准则、岗位责任制度、内部控制制度等。

2. 会计电算化发展阶段

（1）从会计电算化的发展过程看，会计电算化主要分为会计核算电算化和会计管理电算化两个阶段，会计核算电算化是会计电算化的第一个阶段，在这一阶段完成的任务主要包括：设置会计科目电算化、填制会计凭证电算化、登记会计账簿电算化、成本计算电算化、编制会计报表电算化等，会计核算电算化主要是指这几个方面运用会计核算软件，实现会计数据处理电算化。

第一，设置会计科目电算化。设置会计科目电算化是通过会计核算软件的初始化功能实现的。初始化功能是供软件开始正式投入使用时运用的，除了输入总分类和明细分类会计科目名称和编码外，还要输入会计核算所必需的期初数字及有关资料等。

第二，填制会计凭证电算化。会计凭证包括原始凭证和记账凭证，对这两类凭证的处理，在不同的会计软件中有不同的处理方法。

第三，登记会计账簿电算化。会计电算化后，登记会计账簿一般分两个步骤进行；首先由计算机根据会计凭证自动登记机内账簿，然后把机内会计账簿打印输出。

第四，成本计算电算化。根据账簿记录，对经营过程中发生的采购费用、生产费用、销售费用和管理费用进行成本核算，是会计核算的一项重要任务。

第五，编制会计报表电算化。编制会计报表工作，在通用会计软件中都是由计算机自动进行的。一般都有一个可由用户自定义报表的报表生成功能模块，它可以定义报表的格式和数据来源等内容，这样无论报表如何变化，都可以适应。

（2）会计管理电算化是在会计核算电算化的基础上，利用会计核算提供的数据和其他经济数据，借助计算机会计管理软件提供的功能，帮助会计管理人员合理地筹措资金、运用资金、控制成本费用开支、编制财务计划，辅助管理者进行投资、筹资、生产、销售决策分析等。

（二）会计电算化工作概况

如何将财务会计人员从简单繁重的手工劳动中解放出来是当今企业发展的重要条件之一，而科学准确高速地进行各种简单的汇总分析计算是目前电子计算机技术所能胜任的，这就是会计电算化。

在实行会计电算化以后，计算机系统作为财务会计工作的主要辅助手段，代替会计人员准确可靠地完成财务会计工作中大量繁重的汇总计算工作，甚至可以进行简单的资金管理运用分析，进而辅助财务会计人员为企业经营的科学管理决策提供更加正确的依据。在财务记账凭证数据准确无误地被输入财务软件系统中或者根据其他信息管理系统形成的相关数据自动形成财务记账凭证以后，专业财务会计人员需要运用财务系统提供的凭证查询修改功能对分管经济内容的相关凭证的记账科目、凭证摘要及科目之间的资金借贷关系进行严格审核，以保证财务系统中记账凭证数据的正确性和可靠性。计算机财务管理系统会根据事先编制好的数据处理规则和运行程序高效正确地完成记账凭证数据的检验、记账凭证的审核、分类、汇总计算、登账、对账、结账，并且根据需要在各级科目的账簿信息文件中采集各种数据，计算汇总以后形成各种财务决算报表，此处的报表数据采集规则是系统运行维护人员协同专业财务会计人员根据各财务决算报表的填制办法总结出来的，最后由系统运行维护人员利用财务管理软件系统提供的财务报表生成工具将各财务报表的描述信息输入系统中。

实行会计电算化以后，由于计算机系统可以准确高效地完成了财务数据的汇总计算和登账、对账、结账及填制财务决算报表等繁重的工作，因此降低了会计人员的劳动强度，提高了会计信息的质量和会计工作的效率，改变了会计信息处理和使用的方式与方法，引起了会计人员知识结构的变化，提高了会计人员的素质，引起会计工作组织方式和会计人员分工与职能的变化，促进了会计工作职能的转变。此时财务会计工作的工作侧重点应该相应转移，由过去的登账、对账、结账等工作转变为财务分析。

现行会计体系把会计分为财务会计（含成本会计）和管理会计两个子系统。电算化会计信息处理的代码化、数据共享和自动化为两个子系统的结合提供了条件和可能。另外，如果电算化一直停留在财务会计子系统，而不涉及管理会计子系统的预测、决策、规划和分析，企业经济活动与效益的评估，内部责任会计和业绩评价等，那么也就限制和失去了发展电算化的意义。以前在手工方式下，财务工作在管理活动中所起的作用比较有限，只是如实地反映经济活动和有效地监督经济活动的全过程，无法实现"控制当前，预测未来"等会计管理职能。在实行会计电算化以后，财务管理系统可以有效地和其他信息管理系统实现数据信息共享，这就使其他信息管理系统中的任何经济业务活动的进程和结果都能及时反映到财务信息系统中，同时通过利用现有财务数据并且结合已经建立的各种数学模型对各种经济活动的财务结果进行预测，进而为经营决策者提供有效的科学依据。这也使财务会计工作确实参与到经济经营活动的管理决策中，真正实现了"把握现在，谋划将来"的财务会计管理决策职能。

（三）会计电算化的作用与优势

会计电算化的作用有如下几点：

一是提高会计数据的及时性和正确性，减轻会计人员的劳动强度，并在一定程度上提升会计数据的核算水平和质量。企业数据核算从手工到电算化产生，提高了会计人员的工作效率，而且在数据准确性得到保证的情况下，把会计人员从繁琐的大量数据中解放出来，数据核算方式的改变也提高了会计工作质量。

二是提高了经营管理水平，为管理信息化做好充分的铺垫。实施会计电算化后，会计人员的工作效率会进一步提高，从而可以把更多的时间和精力投入企业经营管理中，有更多的时间对财务数据进行分析和整理，得出有效的财务信息并提供给企业管理者，进而使企业管理者更准确地做出企业发展决策。会计电算化的使用，为企业财务信息化系统的实施提供了有利条件。

三是实行电算化对会计技术与观念等方面有更新的推动力，对会计工作有积极的促进作用。针对会计数据处理方法而言，它经历了三个阶段，即从手工做账到机械式，最后出现电子计算机处理数据。计算机的产生，使会计数据处理技术出现了由量到质的改变。

会计电算化相比于手工会计的优势如下：

（1）数据处理的起点和终点不同。原始会计凭证是手工会计处理业务的起点，而会计凭证、原始凭证是会计电算化数据核算的起点。手工方式下会计业务工作的终点是编制和上报财务报表；而依靠编程程序以计算机为依托自动输出报表为会计电算化核算的终点，单独的财务报表模块根据设定的参数条件将编制与输出不同报表，如企业内部成本表、资产负债表、利润表和现金流量表等内外部报表。

（2）数据处理方法不同。在手工方式下，按岗位分离制度分别完成凭证登记、审核并记账工作，最后完成对数据的处理；而电算化会计核算系统处理数据，记账就是处理数据的一个步骤，账簿登记工作中不需要每个人执行一遍，计算机将自动完成数据的操作和收集，从而大大减少了会计人员的工作量。

（3）数据存储方式不同。手工方式进行的会计数据分别存储在分类账户、凭证中等，为各种纸质材料；而计算机会计系统数据存储在数据库中，有必要时才用打印机将其打印成纸质形式。

（4）会计信息的表现方式不同。在手工方式中，会计数据必须靠人工完整整地书写出来；而在会计电算化软件运用过程中，可以减少文字的输入，会计信息可以用相应代码来表示，这样不仅提高了工作效率，也便于计算机进行会计信息处理。

（5）不需要账账核对。在手工方式下，明细账登记以每张记账凭证为依据，对总分类账进行登记是以汇总数据为依据。在核对过程中，财会人员根据复式记账规则，定期检查明细账的总数据和总账数据，一旦明细账目不符合总账数据，就说明会计做账有误，对于手工方式下检查做账是否正确是一种有效的方法。而根据系统参数设定好的记账规则被采用在电算化会计核算之中，记账过程的完成具备了自动、准确、高速特征，同时产生明细与汇总数据。预先编制好的程序如果完全正确，就可以完全避免计算错误，这样明细账与总分类账核对的环节就可省去。

（四）会计电算化向财务信息化过渡的必要性

会计电算化主要是以电子计算机为主体，通过利用相关软件从事传统手工或手工难以完成的会计工作过程。相对于传统会计而言，会计电算化有效提升了会计信息的准确性、完整性、真实性、安全性与及时性，促进了会计工作效率与质量的提高。但随着信息技术的创新发展与应用，会计电算化的应用范围越来越广，相关要求也越来越高。会计电算化在应用过程中的不足之处随之凸显，如会计电算化由核算型向管理型转变的力度不够，其功能没有得到有效发挥；在数据上传与处理过程中，会计电算化的及时性、准确性有待进一步提升，缺乏信息共享性；会计软件安全性与保密性相对较低；复合型人才匮乏，等等。这在一定程度上不利于会计行业的稳定与可持续发展。因此，根据时代发展特征与市场变化需求，会计电算化向财务信息化（会计操作方式与信息技术的有机结合）的转变成为企业有效处理新时期财务信息问题的重要举措，也是企业会计发展的必然趋势。通过会计电算化向财务信息化的有效过渡，可提升财务信息编码的规范性，促进各部门财务信息的有效共享，解决电算化的信息孤岛问题，降低数据录入与传输的错误率。与此同时，基于财务信息化，实现了人与设备、网络系统、业务程序的有效连接，实现了核算、管理、控制的一体化发展。此外，财务信息化推动了复合型人才的应用，有利于提升组织整体智慧水平，增强组织的市场竞争优势，促进机构稳定与可持续竞争发展。由此可见，实现会计电算化向财务信息化的过渡，对会计行业以及组织的发展具有重要意义，是组织会计发展的客观要求与必然趋势。

（五）会计电算化向财务信息化过渡的策略

1. 树立财务信息化建设意识

要想实现会计电算化向财务信息化的有效过渡，企业高层管理人员领导作用的充分发挥至关重要。对此，企业领导人员在明确认知发展财务信息化重要性的基础上，需将其纳入信息化建设工作中，并根据自身实际情况为会计电算化向财务信息化的过渡制定科学方案与措施。其次，企业根据自身实际情况，开展相应的教育宣传活动，通过教育宣传丰富员工财务信息化相关知识与工作经验，基于内部与外部宣传提升企业部门工作人员对财务信息化的认知、理解、认可、支持与执行，如通过内部会议宣传、财务信息化创新评价等推动财务信息化的有效过渡；通过企业网络平台宣传，将自身具备的先进技术与过渡经验传递给社会大众，为会计电算化向财务信息化转变营造良好环境。此外，利用企业文化建设，通过组织开展多样化的文化活动，如社区服务活动、专题竞赛活动等，提升员工积极参与性，从而实现由理论向实践的有效转变。

2. 实现财务业务一体化发展

在会计电算化向财务信息化过渡过程中，企业可以信息化建设为基础，通过加强信息化建设进程，为财务信息化发展奠定良好物质基础，从而实现会计与现代信息技术的有效结合。在此过程中，企业应进一步加大会计信息软件系统的开发力度，完善软件系统功能，提高会计信息收集、记录、分析、存储与应用的质量与效率，使管理人员、决策人员对信息具有动态、全面的掌控。与此同时，以业务流程为核心，明确岗位职责，并在此基础上确定转变目标，理清过渡思路，推动财务业务一体化发展，提升会计电算化向财务信息化转变的规范化，保证各项工作落到实处。

3. 构建高素质的专业化人才队伍

人才是会计电算化向财务信息化过渡的主要载体，只有人人了解财务信息化转变的重要性，人人支持会计电算化向财务信息化的转变，人人参与到财务信息化建设中，才能提升过渡效率，保证过渡质量，并将其落到实处。对此，企业应改变传统管理理念，实现会计核算、管理、控制的有机结合。并在此基础上为相关工作人员制定培养，目标与规划，从而提高会计工作人员信息技术应用能力，使其尽快适应适应会计工作的信息化发展，为财务信息化过渡奠定人力基础。

## 三、财务信息化是科技发展的必然

### (一) 财务信息化的发展历程

1. 起步阶段

20 世纪 70 年代末 80 年代初，即改革开放初期，银行业顺应改革开放的潮流，开始蓬勃发展。1984 年，我国银行业初步实现了会计电算化，从原来的由手工操作的基本业务转向由计算机来处理，并可在线生成电子数据。该阶段的会计电算化对银行会计报表所需的数据进行存储，仅是对数据进行记载，并通过相应的会计科目进行分类，但并不能为银行的决策者提供相关的决策依据。

2. 完善阶段

20 世纪 90 年代，经济不断发展，为了使金融业更好地适应社会主义市场经济的发展，1994 年国务院决定改革金融体制。随着金融品种的不断增多，业务范围的不断扩展，结算方式也在不断改变，银行原有的会计核算水平已无法满足业务需求，银行会计信息系统的改革如期而至。在该阶段，银行仍然是对公与储蓄两大独立核算系统，但在功能上已经比较完善，系统的安全性、可靠性也显著提高。

### 3. 综合化大集中阶段

进入 21 世纪，经济发展有了更多的机遇，经济全球化、国际资本市场的形成都催生中国金融业发生巨大变革。国内银行不断推动金融创新，利用互联网技术，逐步开展网上银行、支付宝等网络金融服务。在这样一个背景下，银行业的会计信息系统进一步发展，开始从财务信息化逐渐向综合信息化过渡，财务业务不断与综合业务融合。

### （二）财务信息化的特征

#### 1. 普遍性

财务信息化的普遍性体现在会计的基本工作流程、会计管理及会计教育都采用信息化技术，而目前会计理论还比较薄弱，没有达到真正的财务信息化水平。现在很多的会计工作仍然依赖传统的会计流程和基本的会计理论，依据信息化技术构建的会计账务处理体系没有得到很好的发展与完善。按照"互联网+"时代的财务信息化工作要求，现代的信息技术应当广泛应用在基础会计理论、账务处理程序、管理会计及财务会计教育等相关领域，使与会计相关的工作都能在这一套信息化体系中运行。

#### 2. 集成性

财务信息化的集成性主要是对虚拟数据资源的重新整合，主要有三方面的整合：一是将财务会计与管理会计之间的各种信息资源与处理办法进行整合，这样更有利于会计领域的发展；二是企业的财务方面的工作和非财务方面的工作之间要相互协调，实现两者之间的有效结合和利用；三是企业与其相关经济利益者之间的信息网络资源集成，最终实现有关财务信息化工作的大集成。

#### 3. 动态性

动态性又称实时性和及时性，指的是利用信息技术获取和处理的财务会计数据都应该是实时获取并呈现动态存储的。动态性主要体现在只要发生相关的经济业务，产生了会计数据，无论是在企业内部还是外部发生，都应该在服务器系统中实时同步地记录并存储，并在会计信息系统中及时处理。实时性主要体现在财务数据只要进入相关信息处理系统，相关的财务信息技术处理模块就会及时做出相应的数据计算、数据汇总及数据分析等相关操作，如实反映企业的偿债能力、营利能力等指标，并为这些综合的会计信息呈现相应的数据依据。同时，财务信息的动态性和实时性也方便需要了解企业财务状况和经营成果的利益相关者及时获取相应的信息，为其后续的经营决策提供理论依据。

4. 渐进性

采用新技术对财务信息化的构建有一个渐进的过程，可分为三个阶段：第一阶段，对传统的会计处理方式进行信息化处理，实现会计核算工作的信息化，使会计核算工作的准确性和效率有所提高；第二阶段，将日常的会计业务处理方式与管理会计相融合，促进现代管理会计实现信息化；第三阶段，在基本的会计核算和会计监督上采用云计算的信息技术，实现会计核算和会计监督的技术信息化及财务分析和决策的信息化。

# 第三节　信息化时代智能财务的必然性

在市场和信息技术快速发展的背景下，财务转型势在必行，且有了更多新的可能。财务转型的核心思路是把企业集团中有价值的财务管理活动从财务部门中分离出来，放置到企业业务活动中，重新进行财务在企业价值链管理中的定位，实现降本增效，为企业创造更多价值。但转型并非忽略会计核算，更确切地说，应该是在夯实会计核算的基础上，把重心转移到财务分析、管理决策、税务筹划等更能创造价值的活动中来，从而更好地支持企业的发展。

## 一、财务信息化是新商业格局下的诉求

当前，新的商业模式在全球范围内引起了社会经济结构、生产和消费方式的深刻变化并重新塑造了世界经济新的商业格局，就是我们通常说的经济全球化。经济全球化是超越国界的，主要通过外贸、技术转移、资本流动、提供服务等方式，在全球范围开展经济活动的过程。通过商品、服务、技术、货币、人员等生产要素跨国、跨区域的流动，实现资源在全球范围内进行优化配置。主要有以下表现：

生产全球化：经济全球化的本质就是各生产要素和商品的全球化流动，扩大世界市场。例如波音 787 飞机，由来自世界各地的 400 多万个零部件拼装而成，最后送达各地的客户。

贸易自由化：随着全球商品、服务、技术等贸易的快速发展，任何国家都可以成为世界经济体系中的一员，并逐步形成了一个以贸易自由化为中心、多边贸易并存的体制，促进了全球贸易自由化的发展。

资本全球化：跨国贷款、跨国证券发行和跨国并购等大量的财务转型基础篇金融业务跨国界进行，已经形成了世界性的金融机构网络。世界各主要金融市场在时间和价格方面的相互接续和联动，能够在几秒钟内就实现上千万亿美元的交易，而外汇市场俨然已经成为世界上最具流动性和全天候的资本市场。

科技全球化：各国科技资源在全球范围内进行配置，对于先进技术和研发能力的跨国转移和联合研发也广泛存在。其中以信息技术产业为典型代表，由于各国的技术标准越来越趋同，特别是跨国公司巨头通过垄断技术标准的使用，甚至直接控制了整个行业的发展，从中获取了大量的超额利润。

以生产全球化、贸易自由化、资本全球化、科技全球化为主要特征的经济全球化背景下，跨国公司是国际经济贸易中最为活跃、最具影响力的组织，是国际经济活动的主要组织者和参与者。同时，跨国公司作为经济全球化的产物，反过来也促进了经济全球化，推动了国际分工和资金、技术和先进管理方式在全球范围的流动，带动了产业结构优化调整，推动世界经济的持续发展。而对于跨国企业来说，企业变革更是迫在眉睫，只有符合时代发展，增强企业的核心竞争力，在市场竞争中占有一席之地，才能可持续发展下去。

经济全球化给企业财务管理提出了新的要求和挑战，它给企业筹资以及投资方面提供了条件。但是，经济全球化的来临，也带来了一定的财务风险。针对经济全球化环境，怎样寻找发展时机，对存在的各项风险进行防范，让企业实现财务创新和稳定发展，是目前企业开展财务管理工作时面临的主要课题。

这样的发展背景必然要求企业财务管理与服务能够跟得上经济尤其是贸易的发展步伐，因此财务管理的信息化就成为这种新的商业格局下的必然诉求，如此才能在全球化经济的发展过程中不至于落伍。

## 二、管理思想的变革要求财务创新

20 世纪 90 年代以来，信息和知识已经成为企业重要的战略资源，越来越多的企业引入和应用新兴技术，比如开发应用现代化的生产、管理系统等，与此同时，企业的管理观念、方法和水平也越来越现代化。随着市场的发展，客户的个性化需求和消费的多元化层次等都对企业的资源整合能力要求越来越高，可以这么说，谁的市场反应能力更强，谁就能赢得先机，企业才能可持续发展下去。事实上，面临着变化多端、日益激烈的竞争环境，企业的管理也在进行脱胎换骨的变革，如美国企业从 20 世纪 80 年代开始大规模的企业重组革命，而日本企业于 90 年代开始进行了第二次管理革命。很显然，传统的管理理论已经无法满足管理实践的发展需求，管理学界提出了"企业再造"、可"学习型组织"等新的管理思想。

迈克·哈默（M. Hammer）与詹姆斯·钱皮（G. Champy）首先提出了"企业再造"，指出企业再造的首要任务是业务流程再造，即以工作流程为中心，重新设计企业的经营、管理及运营方式。1990 年，彼德圣吉提出了构建"学习型组织"，认为企业唯一持久的竞争优势源于比竞争对手学得更快更好的能力，面对剧烈变化的外在环境，组织应力求精简、扁平化、强调终身学习、不断自我更新再造，以维持竞争力。实践也表明，只有与知识经济和信息时代相适应，与学习型、创新型组织相适应的管理，才能够实现管理效率最高、管理效果最好，最大限度地满足管理各方的愿景。

财务信息化是在信息技术的基础之上逐渐形成的全新财务管理创新模式，处理和分析财务数据的速度更快，准确性更强，以达到提高财务管理水平和质量的目的。财务的信息化管理模式以其共享性、集成性的优势，有效地将财务管理工作和信息技术相互融合，突破传统的财务管理模式，改进和优化原有的工作方法。相对于传统的财务管理以及电算化财务管理，这种创新的财务管理模式契合企业管理思想的变革，更好地促进企业的快速发展。

## 三、企业发展需要财务转型

企业的经营管理是一个复杂的系统工程，实践中，我们也经常可以看到有时候因为在短时间内无法满足前端市场的需求，不能及时作出市场反应，影响了企业的品牌和形象，即使是大型集团企业也有可能被市场淘汰。而从长远来看，提升后端的管理能力对满足前端市场需求是非常有利的，因此，企业要健康持续发展就得平衡兼顾前后端市场。集团性企业在发展过程中，由于业务规模扩张、收购、兼并、部门分离、新业务等问题，导致企业内部各机构或机构内部的部分职能存在一定的重叠，特别是双头的行政及业务支持部门往往使用重叠设置的方式，通常我们在许多集团企业可以看到，总部组织下属分、子公司的组织具有高度的一致性，下属分、子公司之间的内部机构设置也具有高度的相似性。

由于管理层级多，导致集团从上至下的决策执行力度弱、管理效果不佳，特别是对于具有较为严格的集团财务管控诉求的企业更希望在业务管理和流程的标准化方面形成更为有效的管控能力。基于不同的分、子公司本地化的业务考虑，相关业务存在流程多样化、操作多样化、IT系统多样化等问题，企业市场前端与后台失衡，造成不论是在合规还是效率方面均有一定的风险。

从财务为企业创造价值的角度来看，财务的目标是以客户为中心，将业务循环中的信息进行提取、挖掘、加工、分析和展示，形成企业的内部报告和外部报告，更好地支持企业的管理循环，进一步为企业的经营决策提供参考，创造更多价值。

面对企业的发展需求及日益复杂多变的外部商业环境，企业需要获得更多的财务支持，财务部门的服务对象已经不再局限于内部客户，还应该包括企业价值链上的各个业务单元及企业的各级管理者。同时财务部门所提供的也不再只是传统的财务报表，而应该是从各个维度去分析企业经营业绩的管理报告。很显然，注重会计核算的传统财务管理已经不能够满足现代企业管理的需要，于是企业开始寻求新的财务管理模式，一方面希望能获得成本优势；另一方面，又希望能够有效整合财务资源，从而更好地为公司的价值链管理及其战略决策提供财务支持。在这些综合因素的推动下，财务转型势在必行，而且变得迫在眉睫，财务共享的出现和应用又刚好契合了新时期的财务管理要求，可以作为企业财务转型的切入点，管理实践也验证了这点。因此，近几年来，集团性公司对财务共享中心建设的热情高涨，就是看到了一种既可以提高效益，又能加强管控的路径。

## 四、新技术的发展驱动财务信息化

我国的财务管理经历了从手工记账到会计电算化的核算型再到财务信息化的管理型转变。财务信息化是财务与信息技术的结合，是信息社会对企事业财务信息管理提出的一个新要求，是企事业财务顺应信息化浪潮所做出的必要举措，它必然和信息技术的进步与发展息息相关。

近几十年以来，日新月异的信息技术成为促进经济发展和社会进步的主导力量，也推动着财务信息化的建设和发展。财务信息化作为企事业单位整体信息化不可分割的重要组成部分。财务信息化在信息技术发生了深刻变革之际，也面临着新的机遇与挑战。新信息技术提供的巨大能量推动了现代财务行业的快速发展，研究新信息技术条件下的财务信息化问题具有现实意义。

云计算是近年来 IT 界的大热门，它是基于互联网的超级计算模式，它使得计算能力如同日常生活中的水和电一样成为一种公共基础设施成为可能。云计算由于其优点和巨大商业价值，在各个行业领域得到广泛的应用和日新月异的发展，在财务信息化方面的应用和发展也被提上了日程。云计算的出现有望解决企事业单位财务信息化过程中的成本、个性化、移动商务等问题。

大数据让我们以一种前所未有的方式，通过对海量数据进行分析，获得有巨大价值的产品和服务，或深刻的洞见，最终形成变革之力。大数据将财务信息化所产生的大量财务数据与业务数据结合起来，并在此基础上依托先进的信息处理平台进行分析，以支持决策，推动财务部门从会计核算向决策支持的转型。大数据的兴起为推动企业财务组织转型提供了一个很好的契机。

物联网是在互联网基础上的延伸和扩展的网络。它已经成为信息网络化发展的重要趋势。物联网的发展为财务信息的收集、加工、处理、存储、传输、检索、运用提供了强大的技术手段。财务信息生产和处理速度极大提高，智能化的信息管理系统等将使会计成本急速下降。在这种情况下，物联网将必然对财务信息化的发展产生重大影响。

云计算、大数据、物联网，它们作为当前信息技术的重大革新，颠覆传统落伍的财务信息化的运作方式，对依赖信息技术而发展的财务信息化产生了重要影响。

## 五、国家政策鼓励财务信息化

"十三五"规划提出"创新、协调、绿色、开放、共享"五大发展理念。财政部在 2013 年年底印发了《企业会计信息化工作规范》，就着重指出"分公司、子公司数量多、分布广的大型企业、企业集团应当探索利用信息技术促进会计工作的集中，逐步建立财务共享中心。实行会计工作集中的企业以及企业分支机构，应当为外部会计监督机构及时查询和调阅异地储存的会计资料提供必要条件"。另财政部 2014 年又发布了《关于全面推进管理会计体系建设的指导意见》，也明确指出"建立财务共享服务中心，加快会计职能从重核算到重管理决策的拓展"等要求，这些规定为我国企业探索建立财务共享中心提供了政策支持。

从外部因素来看，在市场和技术环境及管理变革的趋势下，新的商业模式和技术在全球范围内引起了社会经济结构、生产和消费方式的深刻变化并重新塑造了世界经济新的商业格局。信息技术引领的科技革命对企业的管理理论、方法和工具均产生持续地改变了人类的思维和生产生活方式，同时给管理创新、产业发展、科学发展的变革刺激作用，新技术的应用不仅提高了企业的竞争力，也促进了产业结构的优化和升级，有力地推动了包括财务组织在内的组织结构变革。

从企业内部来看，在经济全球化背景下，企业的业务扩张、多基于业财税金深度融合的财务共享中心元化经营面向的是全球范围内的市场，企业的跨国、多元化经营、集团化经营对自身管理的效率性、业务的合规性、成本的经济性及资金的合理配置等方面的诉求逐步提升，财务共享中心应运而生。

# 第四节　信息化对高校财务建设与管理的影响

近年来，随着全国高等院校办学规模不断扩大，新校区建设风起云涌，招生数量不断增多，高校财务工作量越来越大，工作内容越来越复杂，现有会计人员数量和业务水平已不能满足高校财务工作核算的要求，高校财务工作对财务信息化需求的紧迫性日益凸显。传统会计工作和电算化阶段的会计工作流程与数据处理是基于手工处理环境，会计数据单调、反映面窄，会计报表简单，时效性和准确性差，所提供的会计信息数量和质量远远不能满足高校管理的需要。2008 年以来，互联网、移动通信、大数据云计算等信息技术的应用推动会计工作步入了以规范化、智能化互联化等为主要标志的财务信息化时代。财务信息化是会计工作适应社会信息化进程的必然结果，等学校财务信息化随着社会信息化的进程应运而生。高校财务信息化的作用主要表现在提高会计数据处理的时效性和准确性，提高会计核算的水平和质量，减轻会计人员的劳动强度提高会计管理和控制的作用，是会计管理由事中记账算账，事后报账、管理，转向事先预测、规划，事中控制、监督，事后分析及决策的一种全新的管理和控制模式，以增加会计信息的使用价值，提高会计管理、控制和决策水平；推动会计技术、方法、理论创新和观念更新，促进会计工作进一步发展。

## 一、财务信息化对高校财务工作带来的积极影响

财务信息化使整个高校财务工作环境产生了质的飞跃，对高校财务工作产生了深刻而积极的影响。主要表现在以下方面：

1. 对高校财务工作信息反映能力的影响。实时监控高校资金动态，为领导层科学决策及时提供资金信息数据。为各二级部门提供经费实时查询服务，及时提供资金信息，保证教学、科研活动的正常开展和行政、后勤工作的正常进行。广大教师通过资金到账查询系统及时查询自己的科研项目经费、教学课题经费的到款情况，实时掌控科研项目开发、课题研究的进度。学生通过缴费系统可以及时在校园网上办理学费住宿费、英语计算机等级考试报名费等各项费用的缴交查询，从而及时进行注册、选课、报名等，也及时为学生事务管理部门提供管理依据。

2. 对高校财务工作质量的影响。财务信息化提高了会计数据处理的准确性，提高了高校会计核算的水平；网上预约报销系统的使用，使会计凭证制单的差错率明显降低；为上级主管部门、高校决策层、管理层及其他使用者提供全面准确的会计资料、精准的会计报表和财务报告。

3. 对高校财务工作完成效率的影响。通过网上预约报销系统，高校会计人员的报销、制单速度明显加快，减少了广大教职员工、学生排队等待的时间，工作效率大大提高。也有效保证了高校会计数据、报表、报告能够按时

生成、报送。

4. 对高校财务工作重点转移的影响。财务信息化把会计人员从过去的主要围绕制作会计凭证、账册、报表的单纯手工的财务会计工作中解放出来，把这些工作交由计算机自动处理完成。财务工作的中心可以适度转移到以下方面。

首先，加强会计法律法规及财务规章制度的宣传力度。抽调人员加强财务处部门网页的管理，及时宣传国家新颁发的会计法律法规、财务政策制度，让广大教职员工及时学习了解，避免违法违规使用教学、科研经费。同时采用部门微信公众号的方式加强与广大教师员工的沟通联系，及时发现和解决资金管理、使用、账务报销中出现的问题。

其次，加强高校内控制度及其他财务制度建设。财务处一般为高校内控制度实施的牵头部门，因此需要抽调人员起草高校内部控制手册及内部控制相关制度，配合高校其他管理部门查找内部控制风险点，减少制度漏洞，合理保证各项资金的安全使用，保护资金使用人不因制度瑕疵而犯错误；梳理往来账款、进行账龄分析、加快应收账款的催收，避免给学校造成资金损失；同时加强固定资产、无形资产的管理，避免因使用、管理不当给学校造成资产流失等。随着国家及教育主管部门各种政策制度的不断出台，高校财务制度也相应实行规范化管理，各项规章制度需要逐步建立和完善，以保证高校资金的合法合规使用，为高校的长远发展保驾护航。

最后，科研项目管理措施的严谨和细化。与学校科研管理部门及科研经费使用部门充分沟通、协调、配合，严谨和细化科研项目管理措施，共同做好科研经费的管理和使用，避免违规和浪费。

5. 对教职工绩效考核及代扣代缴税款的影响。职工工资系统和薪酬系统的运用，充分反映了成绩与效益挂钩、贡献与收益挂钩的原则，对教职员工起到激励的作用；同时为国家税务部门代收代缴个人所得税税款，从源头上保证国家税收能够足额缴纳、分毫不失。

6. 对财务人员知识结构的变化和能力提升的影响。第一，财务信息化对财务人员知识结构变化的影响。信息技术用于会计工作中所涉及的理论和方法学具有很强的综合性，它涵盖多门学科的相关知识，如管理科学、信息技术科学等，财务人员应当在有利于提高工作能力的基础上有所了解和掌握。第二，财务信息化对财务人员能力提升的影响。首先是学习能力提升。财务人员为了尽快适应财务信息化工作模式，必须建立持续接受教育和终生学习的信念，而不仅仅是通过资格认证就停滞不前。技术熟练程度能力提升，能够熟练运用会计软件和信息技术，并在运用中发现需要改进的地方，推动信息技术在财务工作中的应用和完善。其次是思考能力提升。能够将会计理论知识、会计实践经验与财务信息化技术联系起来思考，从而提出一些可操作性强的高质量建议。自身竞争力提升。财务人员通过学习和运用财务信息化技术能够提高实际工作能力和技术水平，高效率地完成本职工作，增强自身的竞争能力。

## 二、当前财务信息化在高校财务工作应用中的局限性

1. 预测功能差，缺乏前瞻性。现在高校建立的会计信息系统基本上都是用于处理已发生的会计业务，反映和提供的是已完成的教学科研活动信息，现代高校发展过程的复杂性、多样性和瞬时性，对高校管理者提出了更高的要求。要求高校管理者依靠科学预测进行决策，管理者的决策方式已从经验型向科学型转变，这种转变要求会计信息系统提供更加科学、预测功能更强的会计信息数据。

2. 信息共享程度差，实用性欠缺。目前，很多高校会计信息系统，和学校各职能部门、学院、科研院所等二级部门的业务系统之间没有进行对接，各部门业务系统相互独立，形成一个个信息孤岛，给管理层和教职员工带来不便。例如，某校领导要了解学校资金状况、某热门专业学生选课状况、学校招生就业状况要分别进入财务系统、教务处系统、招生就业处系统等。再比如，某教授要出国访学，出国前先填写出国申请表报所在二级学院审批，到海外处办理审核、备案，再递交到校办等待校领导办公会批准，批准后取回表格到财务处办理资金预算和预借款手续。访学结束回国后，先后到二级学院、海外处、财务处办理差旅费审批、核汇、报销手续。各业务系统和财务系统之间没有实行对接融合，导致不能完成网上审批、备案、报销等流程，实用性方面有欠缺。

3. 协同效应差，缺乏互利性。通常情况下，高校财务部门和政府职能部门如财政部门、税务部门、审计部门以及开设基本账户的工商银行及其他商业银行之间都有业务往来。由于高校财务信息化程度不够高，导致和政府职

能部门、单位之间的协同效应很差，互动方式相对落后，如高校领用缴销事业单位收据、资金结算票据要到财政局；领用缴销增值税普票、专票要到税务局；办理资金转账、酬金发放、拿到资金往来回单要跑各个银行；审计部门对高校进行审计业务要来到高校财务部门查询账表，翻看堆积如山的原始凭证。

综上所述，财务信息化给高校财务工作带来了重大而积极的影响，同时也存在一定的局限性。在现代信息技术迅猛发展的今天，随着互联网大数据、云会计新技术的发展运用，以及国家政策的保驾护航，相信高校财务信息化进程将会得到进一步推进，高校财务工作必将得到更大的发展。

# 第二章　高校财务管理信息化
## 建设现状与意义

随着高校规模的扩张，高校教育经费高速增长，财务数据近乎成几何数量级的增长。而高校内部"信息孤岛"现象、财务信息安全问题、财务信息化人才的缺失以及国内高校财务软件供应商缺乏等问题的存在，一定程度上影响了高校财务信息化进程，并进而影响到高校财务管理在高校改革发展中的作用。随着信息技术与财务会计的深度融合，以及政府信息公开要求的逐步提高，转变财务管理理念、提高财务信息利用效率、培养一批高素质的财务信息化人才队伍等将成为高校财务管理者需要思考的重要问题。

本章主要阐述高校在信息化背景下财务建设情况，挖掘其存在的问题，并重点分析高校财务信息化建设的意义，从而探究其必要性。

## 第一节　高校财务管理信息化建设现状

近年来，全国高校不断扩大招生规模，剧增的生源给高校的管理带来了巨大的压力，不断增加的教学项目、科研项目和多渠道经费来源等给高校的财务管理带来了新的挑战。随着信息技术的飞速发展，云计算、物联网、大数据、人工智能等新技术的出现给高校财务管理带来了新的变革契机。财务管理信息化系统的出现，使得传统的会计核算、业务办理、财务管理模式发生了巨大变化，同时新的理论与会计制度也对高校财务管理信息化建设指明了变革方向。

### 一、高校财务信息化服务研究现状

#### （一）财务服务技术论

张林等（2015）认为，大数据、云计算、移动互联网等新兴技术促进了信息资源进一步开放和共享，促进了财务共享服务的革新，推动了财务服务信息化进入新阶段。刘桂兰（2016）认为，"信息化"促进了财务信息化程度不断加深，为会计行业的发展提供了强有力的技术支撑，带动了会计处理方式以及会计职能的转变，为会计行业的发展带来了前所未有的机遇和挑战。王万海（2016）基于信息化技术背景，提出了"智慧校园"建设思路。林葱（2016）结合"信息化"历史背景研究认为，加强信息化建设是规范高校财务内部管控，构建和完善"共享化"财务服务的重要保障。作者分析和总结了高等学校财务服务建设中的信息化要求和建设思路。丛磊（2016）分析了高校财务管理流程的现状，指出可将互联网技术深度融合于高校财务管理领域，构建更广范围的财务管理新平台和报账新模式，提升高校财务管理水平和师生满意度，实现财务流程优化。

任世赢（2018）指出，基于"信息化"技术平台的人工智能技术对财会行业将产生重大影响，它会促进财务管理向高效率、低成本、少失误方向发展，因此财务人员应积极应对人工智能技术。王秋成（2018）研究认为，随着科学技术的持续进步，尤其是互联网技术的迅速发展，高校传统的"面对面"现场财务报销模式已不适应现代社会的快节奏对财务服务效率的要求。殷实（2018）对此表示认同，并认为，随着互联网的迅速发展，"信息化"成为社会发展和经济的驱动力，大力促进高校财务领域的重大变革，促进互联网技术在财务服务领域的应用，有助于解决我国近年来高校事业迅速发展、招生规模不断扩大对高校快速优质财务服务提出的历史要求。王晓林（2018）以内蒙古财经大学为例，证实了互联网技术在高校财务服务中的应用与推广对财务服务质量与效率的积极作用。游心怡（2019）研究指出，随着高校内涵式发展和创新驱动战略的不断推进，高校内部无论是横向课题，或是纵向课题，都在快速增加。课题科研经费管理与报账业务处理的高效率与高质量要求使得高校财务服务在更深层面关联到高校内涵式创新发展，信息化财务服务可以显著提升高校财务服务效率与质量。持有同样观点的学者包括孙文（2019）、王保玲（2020）等。张莲银（2020）分析了 J 大学财务工作依托互联网技术手段研究 J 大学网上预约报销系统，由于利用了电子签名和聘用财务助理的手段来优化系统使用，有效降低了预约报销退单率，提高了财务报销效率。

作为一种新型技术手段，信息化平台的应用使得高等院校财务服务突破了传统财务服务对时间和空间上的限制，极大满足了报账人员广泛的业务处理需求。然而，信息化平台毕竟是一种业务处理平台，财务服务要求处理内容专业化、人性化、合理化和规范化。仅从技术角度论述或强调财务服务改进与优化的途径，容易导致财务服务过程与内容的机械化，在一定程度上导致财务服务过程与理念过度僵硬和形式化，背离"以人为本"的财务服务本质要求。

### （二）财务服务系统论

梁馨元、王秋波等（2018）研究指出，高校财务服务应主动适应新形势与新变化，逐步将以核算和管理为主要职能的传统业务观念向优质的系统性服务理念转变。同时，作者总结了高校财务服务的五点特征：其一，服务内容具有知识性；其二，服务形式具有交互性；其三，服务手段具有技术性；其四，服务方式具有差异性；其五，服务时间具有集中性。韦一滨（2019）研究指出，从系统着手，全面建立和优化预算管理，包括预算编制、内部控制、财务信息管理绩效、数据管理、信息共享等，从系统角度构建并完善财务服务系统，有助于提升高校财务服务的总体水平。耿晓霞（2019）结合"放管服"改革和互联网平台背景，进一步明确指出，将互联网技术平台与传统财务服务模式相结合，构建"线上+线下"的包容性财务服务系统，是提升财务服务质量的关键。张利群、邱黎明等（2020）表示认同，并进一步研究指出，在财务信息化背景下，构建与完善"线上与线下一体化"财务服务系统，有助于提高财务服务效率、质量和高校师生满意度。

从系统角度论述高等学校财务服务优化途径保证了服务内容与过程的全面化和体系化，有助于高等学校财务服务实现内部统一和高度协调性。但是，系统论强调了系统建设的框架与流程，却忽视了当前财务报账业务内容的多样化和管理内容的复杂化，容易致使高等院校财务服务模式与管理框架偏离"兼顾单位与个人"的效率目标。同时，新时代与新发展环境要求高等院校财务服务要与时俱进，兼顾当下与未来发展的需求，因此，系统须具有开放、反馈与优化的关键环节。从当前研究的结果分析，这一点却往往成为财务服务系统论研究人员忽略或避而不谈的地方。

### （三）财务服务流程论

于婷（2012）分析了地方高等学校管理一站式模式，建议高等院校对当前的财务服务流程进行有机整合，积极借鉴和应用一站式管理模式。戴柏华（2015）研究指出，促进高等院校会计核算业务流程的规范化和标准化，构建预测分析、战略规划以及风险控制等流程体系，对完善和优化高等院校财务服务具有重要作用。梁勇、干胜道（2017）研究认为，财务服务是指财务部门遵循国家统一的财务法规、财务制度，按照严格的财务规则，通过业务处理标准化和规范化，确保财务主体的合法财务权益。财务部门提供服务的过程就是主张和实现特定财务利益主体意图的过程，它高度依赖财务组织机构和内设的流程、岗位与职责。王怡（2017）研究认为，完善财务管理流程，确保报账流程之间信息流畅，并确保资源配置合理，可以有效提升教职员工对财务服务的满意度。刘晓娟（2017）进一步研究发现，在优化业务流程中，落实与提高财务共享水平，强化财务服务理念，可以显著提高财务服务效率。宋亚芸（2019）研究认为，财务共享固然有助于财务服务质量的提升，但高校内部，尤其是财务部门，努力实现扁平化管理是释放财务共享效率必要的前提条件。商雨薇（2019）结合业务流程再造（BPR）理论，以J大学为例，依次从流程描述、流程分析与流程诊断、流程重新设计等步骤入手，分析并构建了以业务流程优化为核心的高等院校科研经费管理工作体系，解释并论证了科研经费管理流程再造对提升高校财务服务质量的关键意义。

总体上，从业务流程优化角度探讨高等院校财务服务体系的优化具有专业、具体的优点，但也因此决定了研究视角的狭隘性，导致研究结论往往达不到高等院校财务服务效率全面提升的要求。

（四）财务服务人本论

Earwaker John（1992）研究认为，高等院校各种管理与服务应该紧紧围绕"服务学生"主题而展开，管理与服务的质量集中体现在学生在校期间对管理与服务是否满意。David Warner & David Palfreyman（1996）研究提出了高等院校管理与服务的若干基本原则，包括环境优化管理、组织文化重建、战略精准定位、资源科学规划等。其中，作者特别强调了"学生支持服务"与"学习活动服务"。作者认为，高等院校管理服务活动的重心应该置于"如何让学生更有效率的学习"。Ham Carrie Leugenia（2003）以西密西根大学与南方卫斯理大学为例分析了在高等教育环境中，知觉服务品质、学生满意度与行为意图之间的相关关系。研究表明，学生们期望得到及时的服务，包括有吸引力的教室和校园及现代化的教室设施和设备。同时，在后者较为充分的情况下，学生的学习进取行为更加显著。Christopher Hood（2010）从新公共管理理论出发，研究认为，面向公众的服务管理机构应该在确保管理服务对象较高认同度的基础上对管理与服务的质量作出更为客观的评价。田澍雨（2015）高校财务管理必须与时俱进，深化改革，在完善、规范各种财务规章制度同时，努力创造以人为本的科学而严格的，又不失高效而务实的财务工作方式。施沧桑（2018）强调以用户体验作为财务服务工作的出发点，加强对报账人员的需求与目标把握，有助于财务服务效率和高校师生满意度的提升，助推与实现高校内涵式发展目标。廖华（2019）以 A 大学为例，强调高校财务服务应顺应时代潮流，突破传统观念，深入贯彻以人为本的财务服务理念。王利（2020）研究指出，当前高校财务部门普遍面临工作压力大、财务报销难等问题，极大影响财务服务的整体满意度，制约了高校财务管理水平的提升。作者基于 M 大学财务服务满意度调研，结合高校的实际情况，深入分析了财务服务满意度较低的原因。曹越、王月箫（2020）认为，财务服务是落实高等学校财务政策和提供财务决策信息的关键基础，客户需求的满足程度是衡量高等学校财务服务质量与效率的关键指标之一。为进一步适应"放、管、服"改革和互联网技术迅速发展的历史趋势，高校财务服务应实现精准高效的业务保障能力。

以客户为导向的财务服务优化论强调了"以人为本"的财务服务理念，在一定程度上矫正了传统财务服务中"唯规章""唯制度""唯流程"等机械僵硬的服务理念偏差，具有更高的灵活性和人性化特征。然而，过度强调"以人为本"，难免出现报账过程随意化与报账要求主观化等一系列负面结果。高质量的高等学校财务服务既要实现"以人为本"的人性化标准，也要保证服务过程的规范化与服务内容的合法化。

## 二、高校财务管理信息化建设的现状

### （一）数据传递方式落后

部分高校收集数据的方式仍使用传统的纸质登记，然后人工录入电脑。纸质登记存在由字迹潦草造成录入数据错误、录入人员软件使用不熟练导致数据错位及乱码等问题。各部门之间通过 QQ、微信、电子邮件等渠道发送 Excel 电子表格或 Word 文档，使用聊天工具的数据传输方式不仅存在数据泄露的安全隐患，而且耗时长、效率低。各部门所需的数据内容不同，导致各部门数据不能通用，如果没有获得所需内容，必须重新收集数据，造成数据反复收集，使师生对数据收集工作产生抵触情绪。建立数据交互平台不是财务处一个部门的需求，而是高校为适应经济发展的整体需求。

（二）财务部门与其他部门存在信息壁垒

受财政拨款体制的影响，部分高校采用完全集中的财务管理模式。在该模式下，全校只设立一个财务部门，即财务处，不再设立不同级别的财务机构。财务处由院长分管，统一管理学校的各项财务工作及所有经费，所有的经费收入、支出都要通过财务处，校内其他部门或个人没有行使财务管理的权利，也不参与财务规章制度的制定，财务处也无法参与其他部门的业务活动。

财务处虽然与校内各部门有较为密切的联系，但是除基本的财务资金支付结算外，其他职能部门不能有效地与财务处进行业务和流程的融合管控。例如，科研专项经费的申报由财务处核算，但是前期的科研申报资料、合同、审批等相关业务信息途径多个部门，待财务处审核资料时，只剩下最简单的项目名称、项目金额等粗放信息，导致财务处无法对项目进行精细化管理，审计问题频繁出现。这种管理模式导致各部门信息不对称，战略导向模糊，财务风险极大。

（三）财务管理信息化建设水平低

目前，部分高校财务处使用的是由政务软件股份有限公司针对普通高校开发的标准版财务系统。虽然该财务软件已开发出许多强大的功能，但是局限于高校原有的发展规模及资金数量，并未对系统进行进一步升级开发。现有的财务系统包含总账（现金银行、往来管理、项目管理）、财务报表、工资管理、固定资产管理、预算管理等功能。具体的财务管理现状如下。

1. 预算管理效率低

一般每年 11—12 月份，高校各部门会根据上年度的预算执行情况再结合下一年度的工作需要，将详细的预算申报表交到财务处汇总。财务处人工记录并进行初步审核，经院长办公室开会研究通过后上报至上级单位批复。上级单位批准后下达预算控制指标，财务处编制学校各部门收支预算并下发执行。全过程由人工完成，效率低下，信息传递速度慢，且资料在传递过程中容易丢失，影响预算管理效率。

2. 报销流程复杂

部分高校使用的财务管理软件缺乏网上报销管理系统，使用的报销手段依然是纸质申报。先由个人或部门提交报销申请，部门领导签字后，将报销凭证交到财务处进行人工审批。部门分管领导审批后，再由财务分管领导签字审批，最后再移交到财务处录入电脑执行报销流程。整个报销流程复杂，报销人员需要到多个部门找领导签字，报销速度十分缓慢。

3. 其他业务流程繁复

高校除基本的预算管理、核算管理外，其他业务大都采用传统的人工办理方式。如科研管理是教师提交申请后，由院长办公会审核，通过后交予财务处立项；开学学生缴费时，全校全员出动，在迎新现场架设网络信号，布置电脑、打印机等。学生缴费时人数多，而且使用现金的人较多，导致收费效率极低，且容易引发学费丢失的风险。工作人员的工作压力较大，有时还会收到假钞，现金管理成本高、风险大，工作效率低。

总体来说，高校的财务信息化管理还停留在初级阶段，就是把纸质信息通过人工录入计算机内，由计算机对数据进行分类、计算、汇总，并生成简单的财务报表，财务管理与业务模块无法融合管控。虽然高校现有的财务管理系统能实现局域网的会计信息传递，但是每个业务模块完全独立，数据不能对接与共享，无法反映业务流程的整体面貌。缺少信息化平台的支撑，对业务无法进行事前防范、事中控制、事后监督。在该管理模式下，学校无法对财务进行有效管控，财务管理信息化建设滞后。

## 三、信息化时代高校财务工作者队伍的建设现状

当前正处于信息化时代，在这一时代信息网络发展迅速、运用广泛，以多媒体和网络技术为核心的现代信息技术也有了飞跃性发展，在其影响下，高校财会人员的理论与实践出现了新变化。随着现代社会的发展与进步，信息技术的发展与竞争越发激烈，在高等教育改革背景下，高校事务呈现一种多元、多样且复杂的状态。在社会经济环境日益发生显著的结构变化

的情况下，财政性资金支付形式也在不断改革，与此同时，高校内部核算与财务管理要求也随之提升，要求高校会计人员不仅要懂得会计业务与信息技术的技能技巧，还要具备良好的管理意识，不断完善高校财务管理工作。

（一）信息化时代高校财务工作者队伍建设的重要性

1. 经济环境要求财务工作者提高信息化管理水平

由于社会环境所产生的大变化，招生规模已经由逐年扩大转变为趋于稳定态势，随着高校管理队伍的确立，筹资渠道也进一步实现了多元化，在科研项目种类逐年增多且总体资金运作规模也逐步扩大的基础上，高校所面对的经济环境，相较之前已经有了较大改善。但仍然不能忽视的是，部分高校财会人员的整体数量与结构组成，以及核算模式和业务流程上却并没有产生更为可喜的变化。

2. 财政资金支付改革要求财务工作者提高信息化管理水平

有关财政资金支付形式的改革主要归功于信息技术的发展，因为信息技术的迅猛发展，也对高校会计核算与财务管理提出了更有针对性的要求。就目前而言，财政性资金支付形式主要包含以下几个方面：一是国库集中支付的财政性资金；二是由政府进行集中采购或者分散采购的大型设备和办公用品；三是学校内的优势学科与协同创新等项目的专项资金，这一部分钱款必须专款专用，不得挪用他途；四是采用公务卡进行结算的公共业务。

为了进一步配合时代发展要求，高校财会人员必须不断拓宽自身的知识渠道，只有这样才能够真正适应当前形势的会计核算和财务管理需求。

3. 信息技术的发展要求财务工作者提高信息化管理水平

现在信息技术在人们的日常生活与工作中无处不在，随着云计算、物联网以及大数据等相关技术的普及，在"互联网+"以及移动通信技术发展的背景下，旧有的会计核算电算化专业知识已经不能够完全满足现有的需求。为了能够迎合时代的发展，需要运用好现代信息技术这一工具来完善高校会计核算与财务管理服务，从而综合提升水平，并且在过程中针对高校当中所包含的海量数据做好分析、提炼与分享。

4. 目前的高校会计管理体系要求财务工作者提高信息化管理水平

在目前高校会计管理体系下，已经呈现出了一些亟待解决的问题。例如，每年财务在结算之前都需要针对单据去进行报销，但是在录入凭证的过程中难免会出现差错，为了能够提升财务管理水平，就可以引入一种新的工作方法，也就是运用网上预约报销的方法来进行解决。但是由于这一种新方法的实用性和指导性都有待考察，再加上网上功能也需要进行日常维护，所以采购人员必须据此展开学习，且具备一定的业务水平才能够进行操作。

（二）信息化时代高校财务工作者队伍的建设现状

1. 财务人员队伍存在结构不合理性

部分高校财务人员队伍存在结构不合理性，主要体现在年龄、学历、职称以及男女比例结构上。若职员各自之间的年龄较为相近往往会面临集体退休的问题。目前高校财会人员对职位学历门槛的要求也是硕士学历，但是这一部分人才对于窗口工作也不会过于倾向，大多数财会专业的本科生也没有资格来报名应聘。对于大部分的学校来说，职称水平大多数处于中级，高级职称都属于少数，在性别上也以女性居多。

2. 财务人员服务意识不够积极

财会部门能够针对高校当中的运营资金进行集中管理，是为高校教学与科研事业服务的关键部门。财务工作实践过程中，职员们容易因为工作单调枯燥而产生厌倦情绪。部分服务意识较为淡薄的财会人员，甚至还会在工作过程中发泄不良情绪，让前来办理事务的教职员工感到为难。因此，如何纠正服务意识淡薄的问题，成为高校策划人员队伍建设中的重要环节。

3. 财务人工综合能力亟待加强

财务管理工作包含多个方面，从报销与发放工资开始，还要进行财务报表的预算、核算与编制。学校内部的资金概况也要由财务部门进行定期的汇报与总结，财务部门的工作也是与多个部门之间有着密切关系的，如物价、税务、财政以及审计部门等，都要与高校财务部门进行交洽。此外，因为高校财务会计部门的工作分工较为细致，大多数财务人员都属于只了解自己所负责服务的业务，对于其他岗位的工作内容缺乏较强的认知。旧的高校会计制度已无法满足高校财务管理的需要，新的会计制度能够全面、公正地反映高校经济实际情况，是对旧的会计制度的完善。因此，高校财务管理需要根据新时期的发展进行不断地调整、变更和创新。

### （三）信息化时代高校财务工作者队伍建设的对策和建议

1. 信息化时代高校财务工作者队伍建设的对策

（1）优化员工结构。

对于年龄结构的优化，需要高校人事部门针对财务部门实际需要招收不同年龄层次的财会人员，从而保证部门内部合理分工和高效运行。对于知识结构的优化，可以让年轻会计与老会计之间实现互相帮带，老会计传授年轻会计丰富的工作经验，而年轻会计让老会计学会使用新时代信息手段来进行会计操作，在取长补短、相互学习的过程中，达到知识结构的综合优化。而对于职称来说，要按照会计年龄与实际过程来进行调整，在日常工作中，要不断鼓励在职会计人员进行自我提升，争取在工作中不断努力来获取更高的职称。

（2）提升服务意识。

财务会计部门始终是一个服务性质较强的部门，要以客户需求为中心展开工作。而高校的财务会计部门所面对的就是教员职工以及学生，要全心全意地本着为人民服务的意识，进而为高校发展提供资金保障，确保学生与教职工在有关政策咨询以及问题解答等方面问题上能够得到充分解决。

（3）增强综合能力。

提升财会人员综合能力需要注重两个方面，一是针对高校发展现状制定会计人才培养计划，另外要综合加强高校财务管理的软实力。目前，财政部已经出台了有关会计人员继续教育的相关规定要求，要积极配合这一系列规定来进行科学化、规范化、信息化的人才队伍建设。从软实力角度来讲，则是针对高校财会人的思维、沟通以及表达能力进行发展，还要进一步提升高校财会人员的领导、分析、团队协作等相关能力。只有综合上述手段来进行优化队伍建设，才能够确保每一位会计人员都能够在日常工作中做好自我提升，并且面对门类繁杂的会计业务，有稳定的思维情绪来进行面对。因为会计核算与财务管理过程中常常涉及责任分配的问题，所以要求会计人员具备缜密的思维能力与较强的心理承受力，还要各个会计人员之间做好团队协作的内容，才能够实现进一步提升队伍综合管理水平。

2. 高校财务管理信息化建设的建议

（1）高校管理层应当转变自身理念，重视高校财务管理信息化建设。高校管理层尤其是主要领导需要认识到财务管理信息化建设对于高校发展的重要意义，需要进一步加快各项资源投入，确保高校财务管理信息化建设可以上一个新台阶。

（2）高校财务管理信息化建设法律法规需要完善。为了可以更好地保证高校财务管理信息化的有效发展，在高校内部可以针对财务管理信息化建设良好规章制度，通过规章制度来更好地为高校财务管理信息化提供指导。而只有做好各项保障，才能更好地推动整个高校财务管理信息化进一步发展。

（3）不断加大财务管理软件的开发。要想更好地推动高校财务管理信息化，软件开发非常重要。高校可以在市场上购买相应的软件，也可以通过自身内部的人才进行软件自主开发，通过这一软件可以更好地促进财务管理向前发展。

（4）不断夯实财务管理的基础。为了进一步促进高校财务管理上一个新台阶，高校需要夯实自身财务管理基础，将财务管理信息化放置于高校的战略发展之中，各个部门要共同参与，不能认为高校财务管理信息化只是财务部门的事情。除此之外，高校还需要加强相关人才培养，通过人才支撑更好地推动财务管理信息化。

# 第二节　高校财务管理信息化建设存在的问题

## 一、高校财务信息化缺乏统一的建设标准

没有规矩不成方圆，我国为了规范财务管理颁布了一系列会计制度，但是财务管理信息化是我国乃至世界会计发展的新兴领域，诸多关于财务管理信息化的问题日渐突出，所以建立健全相关的制度，最终达到高校财务信息化有理所依。但是很多高校没有清楚的理解信息化的含义，一些高校只注重购买设备而忽视了高校信息建设，他们觉得只要购置了电脑设备，准备一些财务软件就是高校财务管理信息化建设了。上层领导对于这方面没有大力支持，学校内财务管理的团队精神又不高，大大地增加了财务管理的难度。高校财务的信息化建设以及数字校园太注重形式化，并没有真正的有实质地建设起来，一些高校财务信息化建设只是单纯的跟风，没有与自身实际结合起

来，最终根本没有实现最终的目的。

## 二、高校财务信息化建设核心软件发展相对滞后

如今，我国高校财务管理软件发展相对滞后，我国多数高校缺乏自己建设开发适合高校财务管理的需要的统一软件。还有我国高校多数财务管理软件的建设重点都在于理财和提供多功能上，若部分软件系统一旦瘫痪，将给高校财务带来不可估量的损失。一些高校在财务管理信息化建设的道路上认为信息化建设就是购置一些机器设备，常常只是重视硬件设备的更换，所以在硬件设备的建设中大量投入了资金，从而忽略了建设核心软件信息资源。如今的财务会计软件只是一种人工会计工作系统的模拟，仅仅用于平时的财务管理工作，而对于相对完整的系统财务工作还不能大力支持。财务管理的一些相关软件是一些高校财务信息化发展的前提条件。伴随社会的发展和科学的进步，需要对高校内部的财务软件系统进行相关加工，并对财务的相关信息进行规整，加大财务信息的有效性和时效性。但如今的财务软件功能没有达到财务信息化工作的要求，打破了高校财务管理信息化的发展。所以，提高高校财务一体化财务软件的核心建设，关系到我国推进高校财务管理信息化建设的一些很大的难处。

## 三、高校财务信息化平台搭建存在一定风险

网络的不安全性不仅使得高校财务信息化平台搭建存在很大风险而且还大大提升了校园网络的不安全性，这必然成为财务工作者以及管理人员揪心的一个重要问题，还是存在了很多安全风险。现如今网络存在的风险危及了诸多方面的问题，所以要从多种渠道以及多种方法来保护网络安全。第一，高校内部虽然会将防火墙设备安装在网络的每个出口，但是高校的会计信息以及财务数据在整个传输的过程中，在使用区域网、内存卡、等输送媒介相互传递的过程中，如果财务管理者存在一定的疏忽，或没有采取任何措施，没有及时防范，那么不仅使得计算机感染病毒，还会使得网络病毒相互传播，然而高校财务系统就会受到网络病毒的袭击。第二，在运用邮箱输送邮件的过程中如果没有加密技术，保障交易信息就容易突然发现这个页面，并且没有许可也进行下载的人获得。

## 四、高校财务信息化发展缺乏专业的财务工作者队伍

高校财务信息化建设，存在着很多传统财务管理模式与现代信息化管理模式的碰撞，让财务工作者深刻地体会到最新财务管理模式带来的冲击。当前高校财务管理信息化的建设，不仅需要懂高校财务，而且还要培养对财务软件开发和应用相对精通的专业人才。详细地说，他们要具有相对高的会计业务处理技能、较高的财务管理能力、精通的计算机网络知识、计算机的基本维护技能、解决在实际财务管理工作中发生的一些问题的能力等。当今高校财务管理者的综合素养与现代的信息化建设要求有着相对的距离。大部分财务管理者对当代的信息化管理手段有一定的抵触情绪，喜欢用传统的财务工作方式，只局限在日常的报账和记账，并不想学习现代的信息技术。当前高校财务人员学历普遍不高，综合能力不强，很难找到高层次的电脑技术人才，不仅工资低福利待遇差而且办公地点也不好，所以不仅留不住高级专业人才而且还无法引进专业人才。一些财务人员的专业知识能力虽然很强，但对于互联网计算机的技术能力却很差。一些人擅长于编程计算机软件，但没有较高的财务专业技能和知识能力。还有一些人不但会有较高财务专业的知识的能力，还会一部分编程计算机软件这方面的技巧，但没有足够的经验积累。会计和财务作为自立门户的一门学科，所以培训专业人才方面比较单一。因为各个财务工作者的知识储备的差异和年龄段及各个不同学校毕业层次的不同，相对少的时间想要把专业知识和计算机软件知识合并起来真是难上加难。高校财务管理信息化缺乏这种复合型人才，在以往的高校财务管理信息化系统构建的道路上，较少的财务工作者可以把财务管理知识能力和信息技术能力相结合，这也使得高校的财务在夹缝中发展。首先，缺乏数学建模能力以及分析数据的能力让在建设高校财务信息系统在财务软件的设计上和相应实施的道路上出现种种困难。还有，缺乏一定的技术能力让在整个系统的维护和使用上的能力明显不够，一旦系统有问题就必须等待请教和询问专业技术人员。种种这样的现象不仅给高校信息化建设发展带来巨大的困难，而且还约束了高校财务管理信息化进度。

## 五、高校信息化平台缺少统一接口的建设

一些高校目前虽然构建了对学校业务信息和数据进行集成的管理平台和

数据中心，没有从根本上解决因数据陈旧和高校各部门中的数据不一致的问题，有些信息严重不透明、不统一、不一致，数据的资源没有充分的使用和挖掘，所以财务数据也存在时效性的缺陷，提高财务数据质量。高校的信息化平台少了统一接口的建设。不仅独立开发高校信息化中各子系统，而且建设过程中还缺少完整的规划，财务各个系统相互之间缺少相关数据的接口，因此，高校财务信息化各个系统形成了新的信息孤岛问题。种种问题关系到财务信息化建设以及进行交换各个管理信息系统之间有效的数据提升了很大的困难。一些高校没有充分的理解信息化的含义，也没有与一切从实际出发相结合，高校内部各个部门管理系统没有整体规划，投入分散，各个信息资源自立门户。因为没有统一的信息编码，导致各个部门数据采集和处理口径不一致，相同的信息在高校的各部门之间难以共享，不仅加大了信息化建设的成本，而且使用单机版财务专网的财务人员较多，因此，财务相关数据单单一个人使用，还限制了相关办公地点和相关办公人员，相关部门之间的财务信息没有充分的资源共享。

## 第三节　高校财务信息化建设的必要性

### 一、信息化建设与管理是高校发展的必然趋势

#### （一）国外高校信息化的发展

数字校园的概念与传统校园的概念的提出是互相对立的，传统高校对教学资源管理一般运用传统教育教学的手段，信息化校园的提出是利用相对现代化的手段，如信息技术和互联网技术以及计算机技术，进而对高校各项事业的信息资源进行信息化管理。想要整合和监督高校各项事业信息资源的发展，就要使用规范性的手段做到科学管理，进而实现高校各项事业的统一管理，努力把高校建设成科学、高效的超越时间和空间的现代大学。

发达国家的高校信息化建设具有投资大和发展相对早以及速度相对快等特点。在20世纪六七十年代的时候，美国的麻省理工学院就提出了信息化校园的概念，并开始规划信息化校园的体系并实施建设，通过许久的努力建设，如今已经构建出相对成熟的信息化校园体系，高校数字化校园进程走在

世界的最前沿。

法国在教育领域制定了一项政策——实现社会信息化行动纲领，高校的首要发展战略就是发展教育领域的信息化。在这种大环境下，法国的互联网也迅速发展，在 21 世纪初期，法国中小学的上网率逐渐增加，并且数字一直在不断攀升。

英国被称作教育信息化的先行者。英国政府对高校教育工作的发展投入了大量的资金。英国在校园信息化建设方面大胆地采用了公司合作的方式，把互联网和计算机以及通信技术结合起来。该项目在全世界范围日益成为人们关注的焦点。

（二）国内高校信息化的发展

20 世纪初 90 年代末，在一百所重点大学的资助下，清华大学以"泰山工程"命名，以互联网计算机为基础着重建设公共服务系统。通过这项工程的建设与完善，高校的基础设施已完成大部分教学楼、活动室、寝室以及教室的网络建设，以及完成各个教学楼内的布线工作。教学楼、活动室、寝室以及教室等分批接入校园网。利用各种服务器例如 SUN 3000 等成立了相对基础网络服务。以相对优越的软件平台和硬件平台等设施为基础，该高校构成了网上服务和网上缴费以及网上教学的整体体系，走在国内各大高校信息化建设中的最前面。

复旦大学在 21 世纪初出台的相关规定中，重要指示要加快建设现代信息技术，打造文明校园，并开始建设数字化校园工程。为实现此目标，不但组成信息化班子，而且还组建了信息化办公室，并从几个方面分别着手。首先建设各种信息资源库，如生活服务、教学、科研等诸多资源信息库。进而打造高校各项资源的共享平台，以便于统一管理。其次，利用信息化进行科研事业和教学事业的推进，建立健全各种相关网站。最后，实现各项事业的自动化，不断使用信息化等网络手段加强各项事业的管理。

上海交通大学在 20 世纪末提出数字校园这一想法，通过多年不断的努力，取得了较为满意的成绩：其一，努力开发网络教学管理系统以及办公自动化系统，进而达到校务公开；其二，在一定程度上大规模成功建设了四个校区的校园网络，校园网络不仅有一万多个信息点，而且还有几万个邮箱账号；其三，大力构建网络教育系统，不但可以网上视频讲课，还可以网上答疑解惑；其四，建立健全数字图书馆。

北京大学目前拥有大型服务器 RS6000 服务器一台、超大型服务器 IBMS/390 一台、SUN 3000 系列服务器二台，以及 SUN 1000 系列服务器三台，从而提供多种服务。在 1988 年开始建设校园网络，当时在校内各楼建立了局域网，把光纤与局域网连接在一起形成校园网。在建设"211"的道路上，北京大学改造了诸多校内的局域网，并把五十多栋楼利用先进的光纤设备接入了校园网。21 世纪初，北京大学用一千兆光纤连接了休息活动区以及各个教学楼，建立健全覆盖全校的区域网来提高各项工作的效率。

总的来说，国内许多高校都在建设数字校园并加快建设脚步。伴随 211 工程，在教育发展的道路中，国内诸多高校以数字校园为目标开始大力发展建设。

（三）国内外高校信息化发展历程

高校教育事业的发展把数字化时代高校信息化建设作为重中之重，也成为当前衡量社会信息化建设的重要标志。网上查询、网络服务已经成为数字化时代高校信息化建设的重要环节。高校信息化网络平台的推出为各个高校信息化发展提供便利条件和优质的服务。通过总结高校信息化建设的经验把其过程分为以下几个阶段。

1. 以网络硬件为主的建设阶段

这一阶段主要建设高校网络硬件基础设施，为实现部分应用提供基本网络服务，主要关注的是校园网络的硬件基础建设，与此同时可以使用一些网络较为基本的服务，还可以利用相对的配套设施，例如：电子白板、网络多媒体讲台等。同时，还进行部分信息内容的建设与应用，例如：综合管理信息系统以及电子化图书馆。

2. 以信息系统为主的建设阶段

这一阶段主要是建设由相关应用构建的系统。其建设的需求是提高网络基础设施的完善速度，确保提供进一步的基本网络服务，并建立健全相对完善的应用服务系统。建设应用系统是它的重中之重，例如对各类信息系统的建设和对数字化教学系统的建设，以及对办公自动化系统的建设。

3. 虚拟大学建设阶段

虚拟大学这一阶段可能会持续若干年，在高校信息化不断建设的道路中，这个阶段的首要任务是设计一个新型的数字校园。这一阶段也是高校信息化发展最繁盛的时候。

国内高校信息化起步相对于发达国家较晚一些，由于借鉴国外发展的成功经验以及政府的大力支持，使得国内高校信息化快速发展。

## 二、信息技术在高校财务管理中具有重要意义

### (一) 信息化下财务管理的发展进步

#### 1. 财务管理由封闭转向开放

如今高校信息技术不断迅速发展，无论是在高校各个部门之间还是在高校财务内部之间的信息交流速度不断提升，把高校的各个部门之间的业务与高校财务管理较为紧密地联系起来，所以在一定程度上必须打破财务管理模式上的局限性，最终实现高校财务管理的开放性，把高校各项事业的管理理念与组织结构业务流程结合起来。

#### 2. 财务业务由分离转向业务协同

在现阶段的高校信息化模式发展中，财务管理的协同化需要大力发展网络技术。高校财务业务协同主要有财务业务以及财务内部业务的协同。发展高校的信息化不仅可以使得高校各项事业的信息进行快速高效的分析和搜集等，还可以重组和整理财务业务链中分布在各部门的业务流程，有利于把财务各项相关业务向协同化方面发展。

#### 3. 财务管理由分散转向集中

高校的财务管理由分散式向集中式转变，高校的经费呈多样化的走势，高校的重要来源一部分是高校和企业联手创造收入。加强对高校各项事业资金的统一管理需要做到全面预算的财务改革措施。高校财务信息化的发展不仅提高了对二级机构财务管理的控制，而且还要建立健全高校集中管理模式的规范性制度。在高校信息化的环境中为远程核算与处理以及监管这种向集中式的转变奠定基础。

#### 4. 财务管理由粗放转向精细化

高校财务管理由粗放型向细化型转变不仅需要建设高校的基础设施，还需要高校不断扩大招生范围。高校的发展由原先扩大招生规模和提高教育硬件设施设备等转变到如今的加强高校的科研水平以及提升高校的教学质

量，把提高教学质量培养全面发展的学生作为首要目的。想要实现由粗放型向细化型的转变，就要把财务管理的精细化作为其中的重中之重。利用现代化信息技术，进而对财务状况进行有效的实时监管和分析动态数据，全面控制管理高校财务的目标成本，在一定程度上为高校内涵式发展奠定扎实的基础。

### （二）高校财务信息化的关键要素

**1. 信息技术是财务管理信息化的基础**

当前，发展高校财务管理信息化的基础就是大力提高信息技术的发展速度，进而达到高校信息化发展的目标。现代化信息技术主要是储存和搜集财务信息，在一定程度上大大地支撑了高校财务信息的分析预测。如果不大力发挥现代信息技术在高校中的作用，那么在一定程度上就会抑制了高校财务管理的发展。

**2. 财务信息是财务管理信息化的对象**

如今社会发展已经进入知识经济的时刻，高校的重要发展策略就是将财务信息作高校各项事业发展的支撑。然而需要对高校财务管理各项信息资源实时掌控在一定程度上大大提升高校综合管理水平，最终使高校各项财务资源的优化配置。

**3. 业务流程重组是财务管理信息化的关键**

高校的财务信息化建设必须设计出各项流程才能更好地提高高校财务工作的运行效率。

**4. 财务信息化标准和财务制度规范是财务管理信息化的保障**

现代化信息技术在高校财务管理中的使用和发展不是自由混乱地进行，需要依照一定的标准以及制度的约束对高校财务业务流程进行重组和整合。其中不但有长期以来各项财务制度的规则规范，还包括财务信息化技术的标准化准则。它的规章制度以及业务标准都不是死规定，而是可以根据高校财务工作者的工作需求来建立健全并修改的，当然也要伴随社会的发展而不断调整与创新。

**5. 服务利益相关者是财务管理信息化的目的**

高校财务管理信息化最终目的是提高高校财务工作的效率，进而服务于高校财务工作者以及全校师生。伴随社会的进步和信息化手段的不断发展，高校的财务工作人员更加关注的是公开信息以及分析数据，而不只局限于储存财务信息。

## 三、高校财务管理信息化的意义

如今，现代信息技术的发展为高校的管理模式以及环境奠定了基础。其技术条件为高校组织管理的创新推波助澜，也为高校财务管理的创新提供了高效便利的条件。

伴随高校一些经济活动的多样化，高校财务信息化管理走在了队伍的最前面，要想建设发展高校财务管理新模式，离不开信息技术的迅猛发展。现代化信息技术不仅对社会结构的改变提供了技术手段，还打破了传统的经济结构，让高校的财务管理信息化迅速发展成最为理想状态。信息技术在高校财务各项服务中起到不可代替的作用，在一定程度上提升了高校财务管理体系中工作效率。大力发展信息技术的手段使得高校财务工作者可以利用这种手段将体系化的工作提交到信息系统完成，这样一来不仅提高了财务工作的效率，在一定程度上也减少了人力和物力的投入。

### （一）有助于高校财务工作的完善与变革

高校财务管理信息化建设在加快数字校园建设方面具有重要的意义，它不仅创新了高校财务工作理念，还更新了财务工作的方式。高校财务信息化建设在一定程度上加快了工作完成的速度和准确性。在传统财务管理模式的道路上，财务工作者要花费许多精力以及时间来对财务信息进行整理和归纳，但是这样的工作效率不高。如今高校利用现代化信息技术的手段让系统自动对财务数据进行分析以及统计，这样不仅减轻了财务工作者的压力而且还提升了高校财务工作的效率。

### （二）有助信息的高度共享和融合

高校的财务信息资源主要内容就是财务信息资源，不仅可以提高领导班子通过最新的财务数据做出相关决策的准确性，还可以使得全校师生通过信息化手段的相关平台了解个人相关财务信息。要想实现高校各项事业的资源共享就必须做到高度集中的集团式管理模式，进而打破高校财务信息资源"信息孤岛"这种现象，其具有重要的价值和深远的意义。高校财务管理信息化可以实现高效各部门之间的资源共享，其中各部门之间可以相互交换财务信息来实现各项事业飞速发展。高校财务信息化建设就是把高校诸多财务数据进行分析，全校师生可以随时查询自己需要的相关财务数据，在一定程度上提高了财务资源共享程度。

### (三) 有助于科学高效转变财务管理手段

财务管理信息化不仅是实现现代财务科学管理的需要，而且还为高校财务管理实施全面预算控制和财务管理职能的转变奠定了基础。高校的信息化建设一是需要借鉴发达国家成功的经验引入先进的财务软件，二是要加强财务硬件设施的完善，三是提高财务工作者的专业素养，四是不断完善创新财务管理模式，五是建立健全财务管理体系。

### (四) 有助于实现高校财务的集中监管

如今，国内高校迅速扩招扩大规模，不仅二级单位日益丰富，而且还成立了诸多分校，所以高校财务管理变得越来越多样化、复杂化，其中的难点就是怎样来实现财务统一管理。然而想实现对财务的统一监管其主要发展前提就是大力发展财务管理信息化，通过它可以随时了解各部门财务使用状况和对财务预算进行全方位的掌握，还可以把财务业务流程的事中控制与事后监管相结合，这样一来解决了不少财务工作中的问题。高校财务管理的信息化不仅使得高校财务资源科学配置，还合理利用了高校财务资金。财务管理信息化使得财务监督职能得到了充分的发挥。近年来，随着我国高校规模逐渐增加，高校的财务工作方面也呈现出多样性和复杂性。然而高校财务信息化建设不仅提高了信息资源共享程度，而且还加大了高校财务信息透明程度，有效地发挥了财务监督职能在高校财务信息化建设中的主导地位。

没有信息技术，不搞信息化建设，高校的财务管理将没有未来。将信息技术与财务管理的新模式完美结合，是高校财务管理信息化的未来，是顺应时代发展的必由之路。

信息技术有利于提高工作水平，信息技术有利于保证高校财务信息的质量，信息技术有利于提供高校财务职能的转变，信息技术有利于高校财务管理手段进一步实现，信息技术有利于提高领导决策的准确性，信息技术促进了高校各项事业的发展。

# 第三章　信息化背景下高校财务
# 管理技术创新

在互联网时代，要用互联网的思维方式，树立先进的信息化管理理念，才能提高工作效率。现代信息技术的发展推动了高校财务管理信息化的进程。在会计核算现代化、自动化的背景下，要用先进的现代信息技术来支撑高校会计核算和财务管理工作。

本章分析了信息化背景下高校财务管理的技术创新，包括云计算技术与高校财务管理、大数据技术与高校财务管理，以及区块链技术与高校财务管理。

## 第一节　云计算技术与高校财务管理

随着云时代的到来，利用云计算技术实现财务与"云"的结合是未来财务发展的必然趋势。高校财务应充分把握云时代为高校财务管理发展所带来的机遇，利用"云财务"管理模式有效解决传统财务管理模式中管理效能较低、财务信息凝、信息化成本高等诸多问题，提高高校财务管理的工作效率和管理水平。

### 一、云计算背景下的高校财务信息化概述

互联网时代，高校财务信息化建设问题逐渐成为高校财务管理中不可忽视的部分，这一工作的开展逐渐与新兴技术相结合。

目前，我国对高校教育的财政投入不断增多，高校发展速度较快。随之而来的是，我国高校财务信息化建设工作面临力度不强、基础工作准备不完善等问题，这些都使得高校财务管理工作开展举步维艰。所以，高校应加强财务信息化建设，并在其中融入云计算技术，使其得到更为长远的发展。

## （一）云时代的背景

随着现代科技的迅速发展，从知识经济时代、全球化时代到互联网时代，从不同角度看现今时代有不同的定义。现如今，一个全新的称谓——"云时代"，快速吸引了人们的目光，并进一步改变着我们的生活。"所谓云时代，实际上是云计算时代的简称，依托云计算技术的不断普及，带来信息系统结构颠覆性的变革。"① 2007 年 IBM 和 Google 宣布了云计算领域的合作后，云计算开始作为一种全新的商业和应用计算方式被提出，并迅速成为学术界和产业界研究的新热点。随着近年来的快速发展，最简单的云计算技术在网络服务中已经随处可见，如搜寻引擎、网络信箱等，用户只要输入简单的指令即可获得大量的信息。因此，云计算正以其超强的计算能力、灵活方便的操作模式，以及较高的可靠性与通用性引领着信息时代前进的方向。

国内云计算领导者浪潮集团在北京举行的 2013 云产品发布会上，通过首次定义"财务云"概念，推动企业财务管理步入"云端"，迎来了在云计算和移动互联网背景下，以云计算为支撑的"财务云"时代的到来。财务管理与"云"的结合，可打破地域、时间和传统意义上的核算主体的约束和限制，使会计核的职能更加清晰与专业，管理更加精细化。

## （二）高校财务信息化的云计算背景

云计算技术是互联网时代引人关注的新兴技术之一。云计算技术的应用脱离不了计算机和互联网，需借助于大量的"云端"数据资源进行计算。美国国家标准与技术研究院曾对云计算的定义做出阐述——云计算是一种按照使用量付费的模式；云计算可以提供有效的网络访问，并且能进入计算资源共享池。所以，相关计算资源可以迅速提取。而在此过程中，并不需要过多地投入管理工作，服务运营商也无须提供大量交互。

当前，大多数高校财务信息化的程度不高，这为高校财务管理工作的开展带来了一定的不便。同时，由于我国高校财务信息化建设起步晚，所以相关的法律法规、技术标准以及安全保障都稍显不成熟，其中的云计算技术融入也较少。目前，基于云计算的高校财务信息化发展的理论知识和实践经验都比较缺乏。因此，云计算背景下的高校财务信息化还有待进一步研究。

---

① 索金龙，申昉. 高校财务管理技术创新研究［M］. 北京：北京工业大学出版社，2020：51.

### （三）云计算为高校财务管理带来的机遇和挑战

第一，云时代下知识经济和网络技术的发展提升了财务管理的效能，使财务管理模式、财务管理手段发生重大转变。

随着科技的不断发展，计算机技术也在不断发展，电子信息技术被广泛运用在各行各业的财务管理中，并在财务管理中发挥着重要的作用。计算机技术的不断发展，促进了信息化时代的到来，推动了财务管理模式、财务管理手段的创新和发展。从财务管理模式上看，知识经济拓展了经济活动的空间，改变了经济活动的方式和财务管理模式，财务管理模式正在从过去的局部、分散管理向远程处理和集中式管理转变，经济活动的数字化和网络化日益加强。同时，传统的固定办公室正在转变为互联网上的虚拟办公室，依据互联网的在线办公、远程办公、分散办公和移动办公正在取代现在的办公方式。这不仅降低了财务管理的运行成本，更主要的是提高了工作效率。从财务管理手段上看，互联网技术的应用使得财务管理突破了时空的限制，实现财务信息的动态实时处理，全新的运行方式提升了财务管理的效能。

第二，"云财务"带来财务人员角色的转型，增强了财务管理在高校战略决策中的作用。

高校财务工作繁琐、细致，财务人员疲于应付事务性工作，仿佛生活在真空中，两耳不闻窗外事，埋头于从凭证到会计报表的核算与编制过程。其实，每一个从事财务工作的人都希望能在工作过程中从幕后走到台前，能彻底解放自己，解放财务的生产力，通过增强对财务数据的分析和处理能力为高校的发展贡献更大的价值，而不仅仅是简单地进行原始凭证的审核与输入。云计算技术的使用可以改变传统的业务流程，通过提供标准化的服务，用更加经济、高效的方式实现财务基础业务的运作，可以大大减少财务人员的工作量，使财务人员从简单的原始凭证的制单业务中解放出来，使其加强对财务数据的分析研究，成为有较强综合能力的财务专家，为高校的战略与发展决策提供有力的支持。

第三，"云财务"管理模式促进了财务流程再造，加强了高校内部的财务协作。

在高度发达的云计算基础上，通过信息流协同，高校内部整个财务工作可构建良好的一体化流程，使各个部门有序合作，合理配置资源，实现高校良性的可持续发展。在会计核算上，原始票据的签批、原始数据的录入均可在网上操作，财务人员仅是数据的处理者，且操作不受时间、空间的限制。在预算上，现有的做法是各部门使用自己的预算电子表格，完成之后将其发送给财务部门，由财务人员负责将来自不同部门的预算电子表格手工合并到一起。在"云财务"模式下，财务部门可以在"云端"以网页的形式为各部门建立一个单一的预算文件，各部门输入预算数据后，合并的预算实时生成。在财务报表上，原有的报表格式固定，提供的信息有限，且往往因信息不对称，高校管理层难以实时掌握财务运行情况，不利于重大决策的制定与实施。"云财务"模式下灵活的自定义功能，可随时提供所需的财务信息，会计报表甚至可按部门生成，不仅为高校管理层也为部门负责人提供灵活多样的财务信息。

"云财务"管理模式的运用虽然可以解决许多传统财务管理中的问题，但是新机遇势必也会是新挑战，毕竟"云财务"是一个新概念，其推广和应用还需要一个较长的过程，还有许多的问题等待着解决与完善。首先，"云财务"是基于云计算技术而建立的财务管理模式，我国目前的云计算建设处于起步阶段，技术尚未完全成熟，且与之相对的云计算标准及法规有不少空白，因此无法提供明确的云计算数据安全指导方针与要求。其次，财务信息的安全是财务工作的重中之重，在"云财务"模式下，所有信息储存在"云端"，程序应用在"云端"，如何保障"云端"高校财务信息的安全是影响"云财务"管理模式在高校中大规模使用最重要的因素。最后，对新生事物的接受程度也影响了"云财务"管理模式的推广与使用。基于云计算的"云财务"管理模式可以说是高校财务信息化的一次重大变革，财务的运作与管理流程发生了翻天覆地的改变。高校财务人员应通过主动学习在思想上保持创新的思维模式，在行动上时刻关注云计算的最新知识，以迎接高校财务管理云时代的到来。

"云财务"管理模式是高校财务管理在云时代下的新模式，是传统的财务管理在新的网络环境下的发展和完善。云时代背景下云计算的出现及应用，使高校财务管理进入一个新阶段，虽然在技术上不够成熟，但是任何事物的发展都需要一个循序渐进，不断摸索、完善的过程。随着市场的成熟，相关法律、法规的建立健全以及相关标准的出台，将会有越来越多的高校在观念上接受这种新模式，主动运用新模式来提高高校财务管理的工作效率和管理水平。

## (四) 高校"云财务"管理模式

"云财务"管理模式是一种全新的结合网络应用的财务管理模式,通过利用云计算技术的优势与特点,有效解决传统财务管理模式中管理效能较低、财务信息凝、信息化成本高等诸多问题,经济高效地为会计核算、会计管理和会计决策服务。

在"云财务"管理模式下,高校管理层和财务数据使用者可以随时随地地实时查看高校财务数据,信息的同步和共享变得更加便利。

"云财务"灵活的自定义功能和个性化服务可以满足服务对象的各类需求,能将会计分录、会计核算、财务报表等应用中个性和变化的要素转化成会计软件中的自定义功能,按服务对象的需求提供其所需的信息。

随着高校财务管理水平的提升,财务管理的功能与作用已逐步上升到服务学校战略的高度,财务提供的原始数据是学校进行重大战略决策的决定性因素。然而,现有的高校财务管理系统局限于传统的原始凭证的录入以及提供简单的账务查询功能,原始数据的分析、归纳功能较为薄弱。财务报表基本采用固定格式,所能反映出的高校资产、负债情况较为单一,无法满足个性化的信息需求严重影响了财务管理在学校经营决策、分配政策等方面本应发挥的重要作用。除此之外,高校财务管理主要为教学科研服务,高质量的服务就是以最快的速度为广大教职员工提供全方位的服务,使他们有更多的精力与时间投入教学科研工作中。这必然要求高校财务工作者不断创新服务方式,充分利用先进的信息系统提高服务水平。

云计算提供商拥有超大规模的"云",可为用户搭建信息化所需要的所有网络基础设施和软硬件运作平台。高校无须再购买诸如服务器等昂贵的设备,也不需要为计算机和应用程序的升级维护而不断付费,可节约大量的购置成本、运行成本和维护成本。

高校财务管理所需的数据和资源都存储在"云"中,财务人员可以随时随地处理各种账务,不受时间、空间的限制,这为财务人员下学院、下基层为广大教职员工服务提供了技术支持,较好地实现了财务服务重心的下移。

基于以上原因,未来高校财务工作的发展方向应是通过网络服务实现财务的所有职能,任何需要到财务部门办理的业务均可在网络上办理,师生足不出户即可办理学费缴交、经费报销、项目结题、经费使用情况查询等业务。基于云计算的"云财务"管理模式将这一设想变为现实。高校可以把自有的业务流程和想法快速应用到管理软件中去，通过信息系统模块的个性化定制，使服务对象只要处于网络中，无论其所处位置和使用终端类型均可以获取服务。所请求的资源来自"云"，应用在"云"，服务对象只需要一台个人电脑或者智能手机等终端，就可实现通过网络服务办理所有经济业务。

## （五）云计算背景下的高校财务信息化建设

### 1. 高校财务信息化建设面临的挑战

在高校财务信息化建设过程之中，引入云计算固然符合其工作发展需求，也能顺应未来发展趋势。但是，基于云计算的高校财务信息化在其发展道路上也将面临挑战。

这一挑战主要表现在三个方面：一是财务系统的安全问题。财务数据的安全有效是保障财务工作顺利开展的基础。云计算背景下开展的财务信息化工作需要将核心财务数据储存在云服务器上面。即便云服务商为其服务器配置了最为先进牢固的安全防御系统，并有专业的安全维护人员负责，但存储数据的安全性仍然无法得到全面保障。一旦出现数据泄露，势必会对高校财务工作造成重创。二是财务工作开展的观念问题。云计算技术的介入，会使得财务系统得到进一步优化，而财务工作流程也将发生较大改变。但是，高校财务人员受到旧有观念以及个人能力的限制，并不能完全适应这种变化，会阻碍这一工作的开展。三是财务工作的数据转移问题。这是基于云计算的财务信息化建设工作难题之一。这并不是单纯的数据复制，在数据转移过程中，很可能出现人为篡改或因数据接口转换而出现读取失误的情况。对于高校而言，将财务信息转移到云计算财务系统之中将耗费大量的人力、物力。

### 2. 云计算背景下的高校财务信息化模式

身处大数据时代，云计算的应用对于工作信息捕捉利用以及工作效率提升具有极大帮助。基于此，高校所开展的财务信息化建设应该与云计算实现深度融合。一方面，高校的财务信息化系统应该具有其独特性，体现其个性化信息服务优势并实现合理的成本管控；另一方面，需要财务数据信息平台，以实现高校事务管理与财务核算的有机结合。

云计算背景下的高校财务信息化模式有以下几种：

一是 IaaS 模式。IaaS 模式意味着基础设施即服务，是一种非常典型的云计算服务模式。在这种模式下，消费者可借助互联网从完善的计算机基础设施之中获得服务。

二是 PaaS 模式。PaaS 模式意味着平台即服务，也是互联网服务类型之一。应用这种模式需要搭建一个信息服务平台，而用户可以基于此平台自主完成定制软件的开发。

三是 SaaS 模式。SaaS 模式意味着软件即服务。也就是说，在此模式之下，服务商是通过运行云计算基础设施之上的应用程序为用户提供服务的。用户可以借助电子设备来访问应用程序客户端。如此一来，客户只需要根据自己的实际需求挑选合适的软件并进行租用，就可以满足自身的工作需要。

云计算背景为高校财务信息化建设提供了新的发展路径。在相关工作开展的过程中，工作人员应该积极引入云计算技术，并基于高校财务信息化需求的现状和问题，对财务信息化建设工作的开展模式进行分析，建立起基于云计算的高校财务信息化应用模式。

## 二、云计算背景下高校财务管理流程重构

随着移动互联网的快速发展，现如今已经进入云计算、大数据信息时代，互联网云技术被广泛地应用到我国各行各业的经济发展中，进一步促使我国经济高速发展。高校作为社会经济中的一种特殊经济主体，其财务管理流程也应该随着信息技术的发展进行相应的改革和创新。

云计算互联网技术发展使我国进入互联网共享经济发展阶段，互联网技术与我国国民经济和生活联系紧密。在当今信息技术环境下，高校财务管理还处于传统的处理方式阶段，财务管理理念相对落后，财务工作效率相对较低。目前高校财务管理工作亟须跟上时代发展步伐，引入先进的现代信息处理技术，以促使高校发展能够适应时代发展。

### （一）当前高校财务管理流程的弊端

当前高校财务管理流程的弊端体现再以下三个方面：

其一，当前高校财务管理尚未实现数据信息高效共享。高校作为特殊的一种经济主体，其财务核算工作与普通企业和政府事业单位财务核算工作区

别较大。互联网云技术的发展为普通企业和大型集团公司实现财务共享提供有力的技术支持，使其通过采取高效的财务处理方式提高工作效率。目前高校的财务管理信息系统处于封闭发展的阶段，会计信息发展滞后，相关数据的获得效率较低，尚未实现数据信息高效共享。所以，创建财务信息共享平台是高校财务管理流程再造的发展方向之一。

其二，当前高校财务部门信息处理缺乏规范性、有效性。高校财务部门会计核算工作通常涉及账务处理系统、固定资产管理系统、工资管理系统、学生收费管理系统、后勤管理系统等，涉及多个部门的数据信息的交流和传递。现有的财务信息管理系统仅包括财务部门的数据核算，有些财务报销和审核制度不透明，涉及教师课时统计和考勤统计、差旅费报销、经费申报等工作信息传递不够通畅，导致财务部门信息处理缺乏规范性、有效性，工作效率较低。

其三，当前高校财务核算未能充分利用互联网技术。一般来说，高校财务核算主要涉及会计核算科、经费预算科、财务结算科、财务综合科和后勤核算科等。高校财务部门财务核算工作分配不够明晰，各部门相互独立，缺乏有效沟通，同一项数据信息由不同部门重复处理，缺乏统一的数据处理标准，财务信息管理水平较低。

## （二）云计算背景下高校财务管理流程重构的思路

随着互联网技术的发展，越来越多的高校逐渐建设成为信息处理快捷、高效的数字化校园，移动互联网办公自动化（OA）办公系统逐渐进入高校校园的办公系统中，极大地提高了办公效率。高校财务系统属于数字化校园信息化管理系统的分支，校园中师生使用的"一卡通"和网上银行，以及其他移动支付方式，为学校行政办公、教学管理带来了很大的便利。高校财务管理流程需要经过更新改造才能更好地融入数字化校园综合管理系统中，因此高校传统财务管理流程面临挑战，高校财务管理流程进行专业改造成为一种必然的发展趋势。

### 1. 以互联网财务管理流程处理平台实现数据的高效共享

互联网云技术与高校各项具体业务相融合为高校财务管理流程更新改造带来新的发展空间。信息技术的引入将能够实现高校内部各个职能部门信息处理系统与高校财务系统的有机融合和统一，实现信息的实时同步共享，这就需要建立一个现代化的数字校园信息中心。利用互联网技术优势，建立一个统一数据标准的高校综合管理信息平台，利用该平台为高校财务系统提供基础业务数据。高校还可以创建一些自主服务平台以便各项基础数据的录入，在互联网技术的支持下，对大数据进行财务分析，并将数据及时传递到相关查询系统，为信息使用者提供高效便捷的服务，实现数据信息的高效共享。

2. 以财务部门组织结构的优化促进部门间信息的高效传递

在互联网云技术的支持下，建立现代化高校财务系统可以实现财务管理流程与职能部门业务流程相融合。当前，大多数高校财务部门主要具备业务预算、会计核算和综合管理三个业务职能，人事部门、教学单位、教务部门和行政部门的一些业务存在基础数据重复处理的情况。财务部门应该进行扁平化结构调整，有助于信息化管理模式从垂直式处理模式向网络交互式方向发展，不同部门业务数据实现实时共享，促进不同部门之间信息的高效传递。

3. 提升财务人员素质

在当今经济生活中互联网云技术已经渗透到各行各业，高校财务管理流程的再造不仅需要硬件方面的更新，更重要的是需要提升财务人员的专业技术水平。在新的财务管理平台上，要充分发挥现有的财务系统的优势和作用，进一步优化财务管理流程。在信息化技术背景下，财务管理职能已从传统的财务会计核算职能向管理会计职能转变。高校应该加强财务人员专业培训，培养高素质的管理会计人才，发挥管理会计在加强预算绩效管理和经济决策分析、评价管理效益等方面的积极作用，以适应互联网技术给财务工作领域带来的挑战。

4. 优化财务管理流程

高校财务管理流程的更新改造是一个系统性的过程，在实际的管理工作中能否得到有效运行，会受到多方面因素的影响。如高校内部包含教学、行政、教务和后勤等多个部门的协调配合程度；财务部门会计专业人才专业技能、业务能力和综合职业素质等。要达到理想的运行效果，需要学校领导从多个方面进行统筹分配和调度，还需要加强财务人员业务技能、预算管理、采购管理、信息技术等多方面的专业技能培训。高校财务管理流程的改造不是一而就的，也不是一劳永逸的，在财务管理流程运行过程中，要不断进行更新和调整，财务管理流程更新改造的最终目标是，高校通过计划、组织、执行、控制、反馈和业务综合一体化的管理过程，使得其资源得到最优配置和利用，实现其资源效用最大化。

## 三、构建基于云计算的高校财务绩效评价模式

随着国家对高等院校教育体制改革的不断推进，教育质量得到了不断的提高，高等院校的投资规模不断扩大，经费也越来越多。因此，财务管理在高校中的地位也逐渐提高。教学资金投入和经济活动的多样化，需要高校建立一个客观、系统、规范、有效的评价体系，科学地评价高校教育资源的使用状况和收益状况。如何更好地有效配置高校资源，这就要求高校重视财务绩效评价的工作，对自身的财务状况和运营情况有深入的了解和掌握。因此，高校需要构建一套合理、完整、严密、动态的绩效评价体系，运用现代科学的方法和管理手段对财务状况进行分析和管理。

### （一）高校财务绩效评价体系的现状

在我国，高校财务绩效评价还处于发展阶段。一部分高校都非常重视财务管理，但却较少注重绩效管理，认为绩效评价也只是对财务管理的事后总结与评估，没有正确认识其在管理过程中的引导、分析和预测、决策功能。一直以来，很多高校财务绩效评价重视资金投入却不重视效益，重视资源分配却忽略了评价监督，造成了高校在日常运行中出现了教育资源配置不合理和有效利用率低、教育支出不均衡等一系列的问题。

高校财务绩效评价中仍然存在以下一些问题。第一，评价对象不清晰，目标不明确。在高校财务绩效评价中，高等教育的投入、产出与效益等是高校财务绩效评价的主要内容。很多高校财务绩效评价没有明确以战略目标为核心并为之服务的绩效目标，进而没有明确评价的方向。在评价对象上含糊不清，设计笼统，没有细化评价客体，所以造成了评价效率较低，得不到真实客观评价的结果。第二，财务绩效评价体系不完善。财务绩效评价体系是由评价机制、评价指标、评价标准、评价方法四个部分组成的。部分高校的财务绩效评价制度、激励机制等还未健全，缺少综合性、规范性和科学性，没有起到绩效管理的推动作用。绩效评价指标不能充分合理地体现全面财务管理水平，也没有考虑到一些非财务指标要素，没有兼顾到定性指标与定量指标相结合，指标口径不统一，评价标准不统一，在绩效评价过程中无

法执行数据对接，评价方法也不恰当，没有兼顾实操性与计量的规范性。第三，缺乏有效的财务绩效评价监督机制。部分高校进行财务绩效评价时忽略了监督机制的建设，无法形成一个良好的制度环境和组织环境。也正因为缺乏一个系统的管理监督体系，财务管理制度和监督机制不健全，容易在财务绩效评价过程中出现较大的漏洞。脱离了绩效管理核心，内部监督控制也无法满足其自身的实际需求，不利于及时反馈和纠正评价结果，对财务绩效水平的提升也有影响。因此，需要建立一套完善的财务绩效评价体系，才能对高校绩效评价进行全面的管理。

### （二）云计算对高校财务绩效管理的影响

#### 1. 促进了高校财务绩效管理的标准化

目前，许多高校建立了校园局域网，同时引进了各种部门管理系统，如教务处的教学管理系统、人事处的人事信息管理系统、资产管理处的固定资产管理系统。这些系统各自独立，没有统一的数据标准，信息无法实现沟通交换造成管理信息不对称、无法共享数据、资源浪费、信息孤岛等现象存在，使得高校财务信息化建设遇到重重障碍，高校财务绩效管理也无法准确衡量。在高校云计算中，不同部门的业务系统可以共用一个大的资源池，资源池容量可适时调整，还可以对资源进行实时合理分配，提高资源利用率，实现绿色计算。因此，云计算可以通过高校财务信息门户系统集成整合，挖掘潜在有用的数据。由于信息使用的部门及人员是动态变化的，所以这一切通过"云"实现，对标准化的数据进行统一灵活运用，既降低了管理部门协同的复杂程度，又促进了财务绩效数据的标准化进程。

#### 2. 降低了高校财务绩效管理的成本

虽然大部分高校都进行财务信息化的改革，弃了手工会计方式，但会计电算化发展到今天，各高校都通过局域网，配备服务器、交换机、工作站等设施，自行开发本校财务软件或选择外购专业财务软件进行财务管理，使得软件运行维护、更新改造费用开支不少，大大增加了财务信息化管理的成本。云计算服务商将提供几十万台服务器，为云计算提供强大的支撑平台，足以适应高校的业务量增长和工作需要，同时可以减轻经济负担和降低经济风险。通过 SaaS（软件即服务）模式或 PaaS（平台即服务）模式租用其平台或"云"，可减少重复购置成本，缩减开发运行周期，减少运行和维护费用，节约人力成本和管理成本，降低高校财务绩效管理的资金成本和时间成本。

3. 促进了高校财务绩效评价模式的转变

目前，许多高校财务绩效核算数据主要来源于财务管理系统，财务核算信息要比业务信息滞后，导致高校财务绩效评价没有及时客观地体现其财务现状与经济效益，因此也无法准确地反映高校财务管理水平，更不能为高校发展提供快速有效的决策支持方案。而云计算与财务管理信息化的结合，可以把数据传感体系、智能识别体系等新技术融入财务管理平台，使电子发票、增值税发票、合同等实现原始单据无纸化处理，会计档案电子化存储，教学设备、资产使用状况、校企产业收益等信息流均可以同时获取，能够从云端动态计算评价高校财务绩效水平，与时俱进，从而在不同的绩效周期仍然可以进行评价、监督调整，进行动态有效的资源配置，满足高校财务管理的需求，推进高校财务绩效动态评价模式的转变。

(三) 建设基于云计算的高校财务绩效评价模式

基于云计算构建高校财务绩效评价体系的核心是将高校财务绩效与其战略目标紧密联系，设计一套适合高校的综合财务绩效评价框架，结合高校特色的财务指标信息和非财务指标信息，构建完整规范的高校财务绩效评价指标体系，利用云计算技术建立一种新型的高校财务绩效动态评价模式。

1. 高校财务绩效评价框架的设计

高校财务绩效评价框架是由与高校财务绩效评价相关的要素构成的，是结构化数据与非结构化数据相辅相成的有机整体，为更好地开展财务绩效评价工作，提供更优的绩效管理。其意义在于通过对相关财务绩效指标的监测，来节约教学投入成本、提高学校资源利用率，实现高校战略目标。而设计最优的高校财务绩效评价框架，是财务绩效评价体系建设的首要工作，是改进财务支持决策，提高高校资源配置效率，以服务社会的重要一步。因此，围绕高校财务管理的工作职能和任务，根据预算、资金运营、资源优化配置、综合实力、短期效益及高校远期发展目标等，得出高校须以战略为导向从预算绩效、资源配置、综合绩效、发展潜力四个维度来评价其财务绩效，构成高校财务绩效评价框架，从而指导下一步的高校财务绩效评价指标体系建设。

2. 高校财务绩效评价指标体系的构建

在设计完高校财务绩效评价框架后，高校必须根据框架的预算绩效、资源配置、综合绩效、发展潜力四个维度分解绩效评价的目标并建立合理有效的具体指标，还要建立一套相对完整的、规范的高校绩效评价的制度和指标计算方法，明确指出绩效评价的对象、内容、分值和权重，从而正确计算高校财务绩效评价结果。在构建高校财务绩效评价体系的过程中，高校要遵循层次性和整体性相配合，长期目标与短期效益相结合，定性指标与定量指标相辅相成，可比性与操作性相协调的原则，使得评价指标客观、公正、科学、系统地反映其财务管理现状，满足财务资源有效配置的需求。高校实行的财务绩效评价主要是考核教育资源使用的科学性和规范性，资金的投入和产出比例是否合理，能否达到预期效果，能否符合高校的发展目标。所以，建立一套严谨的高校财务绩效评价体系不仅可以提高教育经费的使用效率和优化教育资源的合理配置，形成一种以绩效为核心的观念，而且有利于制定出更科学的预算方案，使资金的分配和使用能得到有效的控制，以进一步降低成本。

3. 高校财务绩效评价管理流程的设计

大数据时代，高校财务管理信息化以会计管理信息系统为基础，云计算管理为核心，将计算任务分布在大量计算机构成的资源池中，使各种应用系统能按需获取计算力、信息决策资源。基于云计算的高校财务绩效动态评价模式的必要工作是规划重塑标准化的财务绩效管理流程，提高其财务绩效动态评价的处理能力，优化配置高校人、财、物等各项资源，充分实现财务管理从会计核算型向决策服务型过渡，促进高校管理实现规范化。基于云计算的高校财务绩效动态评价管理流程设计如下：绩效管理目标制定—业务数据流采集与加工—应用数据指标评价与分析—动态绩效预警与监督。

第一，绩效管理目标制定。高校要进行长效的教育机制改革，实现其财务管理职能，就必须要发挥高校绩效评价的导向作用，制定合理的、适当的绩效管理目标，实现对绩效管理流程的全程掌控，提高财务绩效评价的效率，逐步形成以绩效为导向的资源分配方式，优化教学投入产出比率。绩效管理目标制定是通过先进的云计算管理模式，利用虚拟化技术将各种内外部数据整合到一起，根据高校的战略目标评估分析、确定当前高校的绩效管理目标，进而科学、合理地完善各指标体系的执行目标，为高校财务绩效评价提供充分的依据，使得高校各部门紧密围绕绩效管理目标展开工作，大大提高学校管理效能。

第二，业务数据流采集与加工。高校可以通过云计算 SaaS 模式或 PaaS 模式扩大财务信息的采集与储存范围，对高校财务系统、资产管理系统、教务管理系统等相关业务部门信息进行加工，做到财务信息与非财务信息相结合，内部信息与外部信息相结合，并将各种业务数据流进行融合与关联分析，实现"数出一门，统一口径，资源共享"，拓宽价值流、业务流的路径，为高校财务绩效的实时评价提供基础结构化数据。这种以云计算服务模式为依托，以财务管理资源为核心，利用专业的系统模块，实现突破个体界限，整合高校资源，建立完善的公共数据平台，解决了绩效评价的数据对接问题，兼顾了实操性和计量的规范性、可比性，实现了各单位部门的实时沟通、协调与信息共享。

第三，应用数据指标评价与分析。在云计算技术背景下，高校结构化数据与非结构化数据的应用处理更加智能化、动态化和自动化，使得财务绩效评价应用指标的数据挖掘更加容易，因而可以根据给定的目标从海量数据中挖掘潜在的、有用的信息，并容易被人理解，以可视化的形式充分展现出来，提供庞大的信息分析功能。云计算平台会将第二流程的业务数据加工程序的数据按高校财务绩效体系分配给指标计算资源池，分别计算 4 个一级指标、10 个二级指标、33 个三级指标的结果，并且按照各指标的 4 个维度取值与权重进行计算，得出最后的绩效评价结果。在对绩效评价结果全方位评估分析后，提供出完整的、高质量的财务报告及信息使用者所需的、不同的财务决策方案。在云计算环境下，利用财务绩效评价指标分析其绩效管理的实时变化，在绩效指标较低，目标未达到或绩效指标过高，超出目标过多的情况下，高校可通过分析原因和参考决策方案来适当调整、指导其绩效管理工作，并科学管理各部门绩效。

第四，动态绩效预警与监督。综合应用云计算的高校财务绩效动态评价模式，是一个系统的管理监控体系，其可以按照使用者的不同要求自选查询口径随时生成财务报表。云计算的可扩展服务可减少信息使用成本，提高信息披露质量，有利于监管者及时获得高校财务数据反馈，加强财务绩效管理，大大提高了业务信息的时效性，实现了财务信息的动态核算，突破了信息传递迟滞的瓶颈，也避免了人工主观因素的干扰，保障了高校绩效管理的实施效果。一旦财务绩效数据发生异常或与实际执行目标发生偏差，系统会发出预警信息，提示出错原因，并跟踪后续绩效进展情况，动态、及时地对高校各管理部门的绩效信息进行反映和记录，形成一个良好的内循环监控系统，有利于绩效考核和激励的组织环境，以此达到加强监督、客观评价、提高资源使用效率的目的。高校基于云计算的财务绩效动态评价模式建设，能够不受时空和评价主体的主观约束与限制。利用云计算的技术，使得采集和加工各种数据更加标准与专业，评价对象更加精细化。基于云计算的高校财务绩效动态评价模式是新的流程再造，通过共享服务实现数据挖掘，智能化、科学化地对绩效评价管理全方位评估分析，从而使得高校财务管理从分管层面提升到动态管理与支持决策层面，优化资源配置服务，提升了高校综合能力，突出其办学特色，有利于促进教育事业的发展。

# 第二节　大数据技术与高校财务管理

伴随着移动端的兴起和物联网的不断升级，"大数据"一词正逐渐被人们所熟知。2010 年以来，中国逐步将物联网技术应用于国家部门，自此迎来了一个新时代——大数据时代。大数据的应用对于各行各业的影响已越来越明显，近几年已由 IT 领域扩展到其他领域。但是其在高校并没有很好地发挥作用，特别是对于高校管理的核心——高校财务管理而言，更是亟待有效结合。大数据时代到来的同时，也使高校财务管理有了新的契机和挑战，各大高校应该看清财务管理新环境，不断寻求自我突破，顺应大数据发展，实现财务管理变革。

## 一、大数据时代高校财务管理现状

近几年，在大数据时代到来的同时，国家进一步对高校放宽政策，高校办学和经营的自控权加大，其财务活动朝多样化、复杂化发展，其财务管理建设也进入攻坚时期。而财务管理又是高等学校有效运行和寻求发展的重要方面，大数据运用与高校财务管理若不及时有效对接，势必影响高校财务管理效率和服务质量的提高。

目前，我国高校财务管理系统比较落后，所采用的企业资源计划（ERP）等信息手段大都属于事后处理。众所周知，事前和事中控制更能起到管理的作用。而传统的高校财务管理模式已经不适应大数据背景下的要求，以至于高校财务管理出现了各式各样的新问题。可以说，当代高校财务管理环境对高校财务工作提出了更多层次、更高标准的要求，在此环境下提升各项数据的处理及应用水平，对高校财务管理工作来说变得日益迫切和重要。

财务软件不能满足当代高校财务管理要求。会计信息系统的出现，将财务人员从繁重的传统手工记账中解放出来。传统手工记账中的基础财务数据均是由财务人员对原始凭证的"翻译"而实现的，收集到的数据经过二次加工，再根据相应需要进行传递和汇总形成数据库。这一数据库中主要为结构化数据，现有的会计信息系统已能很好地支持此类数据所属的财务工作，而非结构化数据的价值往往被忽略，巨大的数据源中的丰富价值没有被充分挖掘，造成信息不对称，经济业务全貌没能很好地展现。比如，高校教研人员采购设备后，财务部门根据发票遵循真实性原则登记入账，但此过程不能反映购买价格变动的原因，是采购人员和供应商利益协调结果，还是市场发生新的变动。又如，对学生缴费与否虽然可以直接获取信息，但高校无法通过财务数据查找原因，不能对学生准确分类和评价，也不能判断是否为恶意欠费，给高校财务管理带来了难题。由此可见，传统单一的数据整合方式与高校财务管理的长远发展目标不相匹配，现有的财务软件不能满足当代高校财务管理的要求，高校亟须一个将结构化数据与非结构化数据统一整合的渠道。

财务管理模式亟待变革。随着数据规模的不断扩大，通过大数据的管理和应用，一些商业企业已经逐步将大数据技术同企业活动相互关联并取得一定成效。但高校由于诸多原因，未能利用好大数据下的"大财务"。高校财务管理模式在会计核算、财务控制、财务决策支持几个层面均有缺陷。当前，许多高校的财务流程仍把工作重点放在事后保障、事后算账中，财务部门和其他相关部门缺乏及时有效的沟通。虽然引入了信息技术进行预算编制、财务分析、资金管理等工作，但工作质量并没有得到显著提升，甚至出现财务失控的现象。况且，高校财务报告主要倾向于服务国家教育部署，很难反映真实的办学竞争力。外部大环境的变化和高校自身财务管理模式端的双重压力，加之一部分高校财务人员的大数据应用能力不强，形成了高校财务管理工作效率较低的困境。

财务数据服务水平不尽如人意。基础数据是高校财务管理工作的源头，基础数据的有效处理无疑是财务管理工作的重要保证。但是，高校在基础数据的收集、筛选、辨别方面仍不能达到全面高效的水平，海量的数据价值密度低，财务与非财务数据并存，给这一环节带来了诸多挑战。同时，由于高校财务数据多、财务管理流程复杂，经过加工的二代数据在其流转传递过程中财务信息损失的可能性没有被充分考虑到，不符合当下对财务信息的综合性要求。另外，在数据的披露与输出环节，一些高校财务管理部门只关注财务分析报告的输出，往往忽略了获取数据使用者行为结果的反馈，以对自己提供的财务数据的形式和内容做出调整。要满足大数据时代下高校对财务数据更广泛的需求，必须对财务数据服务进行变革。

## 二、大数据对高校财务管理模式的变革

大数据以猛烈的态势向各行各业袭来，也必然给高校财务管理注入新的生命力。大数据时代的到来为改善我国高校财务管理的现状提供了可能性。

### (一) 运用大数据技术辅助财务软件

在一项经济业务中，原始凭证为已经发生的事件保存了较为详尽的信息。而会计信息系统应用于财务管理之后，反而突出了一些弊端，如原始单据、合同、影像等非结构化财务数据无法在数据库中反映出来，这些数据背后的价值也被忽略。在结构化数据处理系统形成一定模式的条件下，立足于高校财务管理的长远发展，为了打破传统会计信息系统的局限，运用大数据技术对结构化和非结构化数据进行筛选，同时注重数据的共享与兼容，将成为解决这一问题的有效途径。在大数据时代，有效利用数据仓库、数据计算、数据架构和数据共享等技术，把分散储存在各个部门数据库的结构化和非结构化数据相互关联，运用工具重新整合分析，组建相应的绩效评估小组，对各项资金投入以及财务政策做出客观的分析，最终出具财务分析报告。这将更好地服务于财务分析报告的使用者和决策者，财务管理也能在高校发展过程中越来越受重视。

对于高校财务管理的其他方面，同样可以由专业人员设置合理的大数据应用方案，逐步从单一的财务管理体系向综合财务管理体系转变。

### (二) 建立高校财务管理新模式

既然决定引进大数据技术，就要做到物尽其用。在财务管理模式更新上也大可应用，以减少此项举措在软硬件设备更新和淘汰上带来的投入浪费和

重复建设。针对高校财务管理事中控制薄弱的问题，建立财务实时共享平台，将高校内部各学院及职能部门数据和接口标准统一。比如，同一信息在不同部门处理时，按照同一数据规则进行转化，使得各部门间能及时进行数据共享和交换，减少资源浪费，并实时全面掌握财务动态。以往有过用友公司为我国交通运输企业提供财务共享服务方案并取得成功的案例，高校也可建立财务共享平台，以对其经济业务实行精细化、准确化管理，有效减小财务失控风险。比如，对科研经费，从申请立项、预算、审核，到最后经费支出，财务部门都应严格审批，要对实际业务信息准确核实，避免因核实不到位而引起财务问题。大数据时代的财务人员，必然需要具备更大的知识储备和更强的专业技术能力，有时甚至需要实时分析数据价值能力。这就要求财务人员除了扎实的财务管理基础之外，更要更新自身知识体系，深入了解大数据的内涵和发展情况，掌握财务大数据的处理能力和技术。不仅如此，高校管理层也要看到大数据技术的重要意义，培养大数据管理意识，定期请专家对财务人员进行培训，建立复合型财务管理团队，以期能够有效地收集、整理、分析数据，并从中提取关键信息，再对其进行数据加工，使大数据管理参与到财务决策中。

（三）提高高校财务管理实效性

高校财务管理工作在实效性上有所欠缺，一个重要的原因就是无法对基础数据进行快速有效的分析。大数据技术的特点就是能够对数据进行集中的处理和分析。第一，做好基础数据的收集后，应根据基础数据的完善程度，建立相应的基础数据库，重点做好基础数据的管理工作；第二，利用统计产品与服务解决方案软件，对基础数据进行统计分类，并对每一类数据总结特点、精准定位，提高财务数据质量，并关注财务与非财务数据的归类，将非财务数据中的关键信息筛选整合，弥补财务数据只能表达货币数字的不足。

经过筛选的数据，在加工过程中要严格把控有效信息的流失，建立完善密集的数据传递中心，形成统一规范的数据传输机制。最终输出财务报告后，更要保证持续性追踪服务，与报告使用者的行为决策或反馈信息关联分析自己输出的财务数据在内容和形式上的缺陷，或是向报告使用者提供更为全面的数据证明。

需要注意的是，大数据应用的风险与机遇并存，高校作为社会公共服务性质的单位，财务数据又是极为敏感的数据，因此要有数据安全意识，在数据处理的各个环节，结合会计信息系统的经验，合理设置使用权限，为高校财务数据管理保驾护航。

## 三、构建基于大数据技术的财务管理信息系统的必要性

信息时代的到来改变了人们的生活方式，改变了各行各业的工作方式，在这样的环境中，高校财务工作模式也发生了转变，工作范围有了明显的扩大与延伸，信息需求也在不断增加，超出了传统会计界定的范围。这就要求高校管理部门运用"大数据"的思维与技术科学构建高校财务管理信息系统，创建科学的绩效评价指标体系，防范与监控财务风险，优化办学资源，提升高校管理水平。

"大数据"带来了传统信息工业的变革。由于高校间竞争的加剧，在当前的形势下，高校财务管理信息系统构建应符合"大数据"时代的信息管理要求。所谓高校财务管理信息化，就是高校财务管理部门通过信息化手段，对高校内的财务信息进行整理，并通过一定的手段来提高财务工作效率，提升资金利用率，使财务人员从繁重的工作中脱离出来，提高财务工作质量。从目前的情况来看，我国高校财务管理信息化发展迅速，但仍存在一些问题制约其发展。

大多数的高校已经实现了财务管理信息化建设的目标，但财务管理信息化建设是需要不断发展与更新的，从当前的形势来看，建设的效果仍然不够理想，财务人员的工作任务仍然很繁重，效率有待进一步提高。

学生是高校最主要的构成部分，但现在多数的高校仍然没有建立直通学生个人信息的管理终端，这就增加了录入的难度，就需要大量的人力去统计，增加了工作量，从中就可以看出高校财务管理的完全信息化水平仍有待提高。作为现代的财务人员，除了要具备基本的专业知识外，还必须要掌握相应的专业技术及信息化技术。唯有如此，财务人员才能满足不断发展的信息化要求，才能更好地适应高校信息化的发展。因此，提高财务人员的综合素质成为当前高校工作的重点。

信息化水平的提高使得高校财务管理信息系统日益完善。但从该系统的

运行情况来看，其多用来完成记账凭证的编制、工资的发放与学生住宿缴费情况的查询，对决策支持的功能较弱，根本满足不了高校财务管理精细化的需求，制约了高校财务管理水平的提高。

不难看出，在当前形势下，高校财务管理信息化建设中仍存在诸多问题亟待完善。因此，高校必须创新财务管理模式，运用"大数据"思维与技术构建现代化高校财务管理信息系统，整合资源，实现信息共享，建成与时代发展相符的、智能化的专业系统，提高信息处理能力，优化资源配置，推进高校内涵建设，增强高校对财务风险的防范能力。

（一）影响高校财务管理信息系统构建的因素

很多因素都会影响高校财务管理信息系统的建设，其中以下几个因素的影响较大。

1. 遵循新会计制度

自 2015 年起，《中华人民共和国预算法》《预算绩效评价共性指标体系框架》《事业单位财务规则》等相关的法律法规不断出台，对高校财务管理工作的发展提出了新的要求。新时期的高校财务管理最主要的任务就是，控制预算、高效执行，有效编制决算，将学校的财务状况真实反映出来。同时还要多渠道融资，节约开支，建立并完善学校的相关制度，提高资金的利用率。另外，高校要提高资产配置效率，加强监督，尽量避免财务风险，细化财务支出，严格按照标准执行。经修改后的高校财务制度与会计制度等对高校的日常财务情况都做出了明确的规定，将核算细化。通过这些规定，财务部门的工作更加细化，为提升工作效率奠定了基础。

新时期的高校必须要抓住这一机遇，科学创建新型的财务管理系统，从过去的核算型系统向管理型与决策型转变，实现所有财务科目的细化目标，同时实现财务预算、会计核算与财务分析等工作的一体化，做到上下数据的一致性，提高预算与决算的可比性，促进预算编制的科学化、精细化，提高财务预算执行工作的效率，使会计职能得到更好的发挥。

2. 为领导做出准确决策奠定基础

学校任何管理工作都离不开财务信息的指导，因此，财务部门必须要及时、有效、准确地为领导提供财务信息，为领导做出准确决策奠定基础。科学的决策是高校治理的重要方面，所谓的决策科学化，包括方法科学与过程科学。方法的科学化主要是指决策依据的数据化、决策工具的模型化、决策反馈的及时化；过程的科学化则是指决策程序的设置要合理、透明且公开，决策的结果经得起考验。尤其是在当前的发展形势下，高校的资源整合、信息共享、挖掘潜力、优化结构，财务管理信息化在这一过程中具有不可替代的重要意义。

### 3. 发挥内部控制的作用

所谓的廉政风险防控，是在国家规定的基础上，为了提高权力的规范性而实施的，主要是为了杜绝贪污腐败等不正之风。在学校内部执行这一规定，对风险识别与权责明确都有重要意义。国家也规定高校内部有权力采取一定手段进行内部控制管理。因此，在这样的环境中将经济活动纳入内部控制流程势在必行，这也在一定程度上证明了高校财务风险防控信息化建设的重要性，通过对内部控制的管理达到预期的要求，制止违反管理规定的行为，进而推动相关规定的执行，减少人为因素的影响，增强内部控制效果，在高校管理中更好地发挥内部控制的作用。

### 4. 满足不同主体对会计信息的需求

近年来，财政体制改革不断深入，高校的经费来源也呈现多元化的发展趋势，社会各界人士都参与到高校的建设中，这也为高校财务信息的管理提出了更高的要求。为了满足不同主体对财务信息的需求，新时期高校财务信息系统不仅可以提供准确的财务信息，同时要提升信息的共享性，便于使用者查询，以发挥信息的最大效用。

### (二) 高校财务管理信息系统的建设目标

从长远的发展来看，高校财务管理的任务与现代信息技术必须要结合到一起，争取构建现代化的，集核算、决策支持等功能于一身的财务管理信息系统，满足高校发展对预算、经费、专项管理等工作的管理需求，实现财务预算、执行、核算、决算闭环运行。财务工作与高校的其他工作相结合，互相促进，实现信息资源的共享，确保国有资产的完整性，提高高校经费的利用效率，推动高校教学、科研等工作的长远发展。

从发展目标来看，高校的财务管理信息系统建设主要可以细化为以下几个目标。

第一，将业务与财务的数据相统一，使财务工作更加规范。

第二，整合现有的财务资源，使财务与业务实现无缝对接，创建高效的财务平台。

第三，扩大财务工作范围，建立综合型财务系统。

第四，财务人员要细化管理工作，提高财务管理系统的健康性。

第五，采用现代化的技术，提高财务管理的效率。

第六，运用大数据理论，建设决策型的财务系统。

第七，根据系统的情况分级发布信息，提高财务系统的透明度。

（三）建设现代化高校财务管理信息系统的方法

从上文的分析中，我们对大数据时代高校的财务管理情况有了基本的了解。

从发展情况来看，建设现代化的财务管理信息系统是十分必要的，一般可以将其分为四个层面：创建数据存储中心与交换中心，规范基础性材料的平台层；处理财务综合业务、管理核算与决算工作的财务管理层；为高校领导设计应用的决策管理层，该层承担着监管、执行、分析与最终的决策支持功能；服务门户层，主要负责为大众服务，使财务服务的窗口作用更好地发挥出来。

## 四、大数据时代高校财务管理信息系统的应用价值

创建高校财务管理信息系统是高校财务发展的目标，在这样的环境中，各大高校必须要在符合自身情况的基础上，创建高校财务管理信息系统。具体来说，其主要具备以下几个价值：

一是实现"人""财""物"综合管控。建立综合性的平台，创建统一标准，与其他部门建立合作关系，实现信息共享，建立以"人""财""物"为基础的管理系统，提升所有信息的准确性，实现统一管控的目标。

二是实现预算、核算与决算的一体化管理目标。之前的财务系统将几种管理分离开来，造成管理沟通难度较高。大数据时代的到来改变了这一形势，使几种工作共同治理，实现全过程的管理目标，将整体的财务状况反映出来，从事前准备、事中控制、事后分析整个过程进行控制，推动财务管理的科学化与精细化进程，实现预期的管理目标。

三是建立服务型的财务平台。综合财务管理平台的创建推动了会计工作

的进程，从最初的核算会计发展成为管理型的会计，将会计的职能更好地发挥出来，大大提升管理质量与管理效率，服务水平也有了明显的改善。通过这一平台使财务人员与高校其他部门的人员建立沟通，更好地为学校的发展服务，提高了部门间的协同性，提高了高校管理的质量，增强了高校的竞争力。

四是建立一体化的管理系统。从根本上来说，高校财务管理信息系统是学校管理部门运用现代化的信息技术将财务信息进行深入处理，进而提升高校的管理质量，实现资源的共享目标，减少重复性的劳动，减少财务人员工作量，将人员分配到更需要的地方。同时，加强高校与内部、外部间的沟通，实现良好的业务衔接，形成跨部门、跨组织的管理系统，为高校管理奠定信息基础。

综上所述，构建大数据时代的高校财务管理信息系统成为当前高校财务部门需要解决的首要问题，高校财务人员必须引起重视，以期提高高校财务管理的质量。

## 五、大数据背景下提升高校财务管理水平的路径

随着信息时代的到来，大数据技术的应用范围逐渐扩大，人们生活水平不断提升，高校财务管理信息系统发展方向逐渐走向科技化、先进化和信息化因此，人们对财务管理信息系统和财务人员的能力提出了更高的要求。

大数据技术的出现，对庞大的数据信息采集、数据信息分析以及数据信息的合理利用等具有很大的推动作用。随着社会的进步，人们对子女的教育更加重视，国家对高校的教学质量提出了更高的要求，同时，在施行新的教育改革制度的过程中，高校对财务部门的管理能力也提出了进一步的要求。各高校为能保证财务管理质量、增强财务管理能力，以及提高财务服务水平，通过大量引进互联网技术的方式，不断完善财务管理系统，不断寻找财务管理制度的创新点。通过建立信息化决策平台，以实现预算、核算、决算三大体系真正对接等实用功能，充分发挥财务管理的作用。

首先，增强对会计核算工作的标准化建设。在大数据技术应用环境下，为增强高校财务部门的管理能力，就应大力支持其会计核算标准化建设。第一，应对高校里的教师、学生、后勤、保洁以及其他工作人员进行标准化、

统一化管理。根据不同的部门及组织架构对服务对象进行分类，每个部门的编号应规范统一，并在系统中建立相应的数据库。与此同时，可以按照不同的服务要求创建符合实际的操作平台，开发设置与服务要求相对应的功能第二，核算基础标准化，高校应根据国家相关规定以及社会的发展需求对会计核算课程做合理的调整，不断完善该科目的内容，综合考虑管理需求并结合新增的一些具有创新性的项目，对学校的项目管理规范和原则进行标准化和统一化处理。第三，高校应对其财务人员进行统一标准化培训，不断提高财务人员的工作能力和业务能力。

其次，建立健全的财务信息管理制度。为了有效提升财务管理能力，高校应根据发展需求建立健全的财务信息管理制度，并严格执行。在实际工作中，很容易出现各种财务问题，因此，收集问题并对各类问题进行分类与分析是非常有必要的。通过对财务问题进行分析总结可提出有效解决措施，可进一步完善财务信息管理制度。另外，在财务管理系统中可通过大数据技术建立强大的数据库，应用数据挖掘和数据检索等技术，实现财务信息管理的标准化。对于每一位新入职的高校财务人员，都应严格按照高校内部的财务信息管理制度给予培训，减少因为人为因素造成的财务管理混乱问题。在财务管理工作中，相关部门应建立奖励与惩罚机制，对表现优秀的员工给予奖励，对工作中违反制度的员工给予相应的处罚，同时对财务人员的工作内容进行量化，细分到人，做到职责分明，将财务管理制度更好地落实在每一个环节当中，有效提升高校财务管理部门的工作效率。

再次，加强对财务管理人员的综合素质培养。财务管理人员是高校财务管理部门的核心组成部分，其综合素质是高校财务管理工作的主要影响因素。在当下的社会环境中，为了能满足大数据背景下的社会发展的需求，为了能够紧跟着科学技术发展的步伐，高校应加强对财务管理人员的专业知识培训，应高度重视对财务管理人员的专业水平考核，加强对财务管理人员财务信息管理能力的提升。其可从以下几个方面开展工作：高校高层领导应重视对财务人员的教育和专业知识培训，以保证财务团队能跟得上社会发展的节奏；财务部门的出纳和会计应具备一定的财务信息管理经验，可熟练运用相关知识，以保证每一个财务工作环节都能够顺利进行；鼓励财务人员考取专业相关的资格证书，重视对财务人员职业素质的培养，定期对财务人员进行考核，以提升财务队伍的综合素养。

最后，建立财务管理系统微信公众号。在互联网技术快速发展的背景下，人们对互联网技术在各个行业中应用的关注度逐渐增加，通过大数据技术开发各种应用程序，为人们提供方便、公共的服务平台，这种方式在生活中深受人们的喜爱。因此，微信公众服务平台的出现为各大高校和企业带来了诸多便利，尤其在财务管理系统中，微信公众号被广泛应用。高校的财务人员可以通过微信公众号内容推送的方式，促进财务相关人员掌握财务知识；可以通过微信公众号的服务功能，让高校职工自助查询及办理财务相关业务；利用微信公众号不仅可以提高财务部门的管理水平，减少财务人员的工作量，还可简化财务管理操作流程，提升各部门之间的沟通协调性。同时，微信工作平台需要人们合理经营并定期对其功能进行优化，才能发挥出其真正的作用微信公众号的建立，可使高校财务管理工作效率有所提升，使得高校在财务管理方面的成本有所下降。因此，高校财务部门应加强对微信服务平台的建设。

综上所述，在大数据快速发展的背景下，人们对各行业的业务水平提出了更高的要求，高校财务管理能力也需不断地增强。为降低现实社会各种因素对高校财务管理系统建设的不利影响，高校的领导层应对增强财务管理能力的方法给予高度重视，并根据自身条件的发展采取相应的有效措施。高校应借助大数据技术，对其财务管理工作进行具有创新性的突破，使财务管理能力有所增强并适应社会发展，进而推动高校自身的发展。

# 第三节　区块链技术与高校财务信息化管理

信息技术的发展为传统行业发展带来了严峻挑战，但同样也为其提供了新的技术支持，尤其是区块链、云计算、大数据等技术的应用，可有效推动会计工作效率的提升。就目前情况来看，区块链在高校会计领域的应用还不够广泛，作为人才培养的摇篮，高校需要充分意识到先进技术的应用优势，加强会计工作和区块链技术的结合，找到发展新路径。因此，对区块链技术对高校财务会计领域的影响进行研究具有重要意义。

## 一、区块链技术概述

"区块链"是信息领域的专业术语，可以理解为"实时共享的数据库，在数据存储方面具有不可伪造、不可逆转等特点"①，能够对信息使用人员、上传人员的身份进行核查，保证信息的安全性，能够为参与交易、参与数据传输的各方建立信任关系。近些年，随着我国各行各业的迅速发展，区块链技术的应用也较为广泛，也已经辐射到高校的会计工作，具有较大的发展潜力。

区块链技术的应用优势主要体现在以下几个方面：

首先，能够在原有的财务会计工作模式上进行不断创新和升级。在当前时代背景下，科学技术发展迅速，高校的各项工作都在利用先进技术简化流程，财务管理本身具有一定重要性，自然成为高校的重点管理对象。区块链技术能够让各项工作更加简洁，点对点的自动化数据传输，可有效提升工作效率，节省时间。

其次，能够提升会计核算的准确性。区块链技术的引进，能够让财务核算工作打破时间和空间的束缚，最大化发挥计算机在数据收集、整理以及分析方面的应用优势，一方面可以对资金的动向进行动态化监管，另一方面能够避免人为计算产生的失误。

最后，对于高校而言，传统财务会计工作模式较为封闭，信息比较闭塞，没有完善的管控平台，各部门之间交流程度不高。在区块链技术的应用下，能够财务部门和其他部门之间的联系，实现信息数据的高度共享，打破了传统工作模式存在的局限性。

## 二、当前高校财务管理存在的问题

### （一）共享程度低

近年来，计算机信息技术普遍应用于高校财会领域。然而，由于高校重视不足、资金投入有限等方面的因素，导致无法对这些信息技术进行科学系统的集成。目前，高校内部各管理部门都拥有各自的信息管理系统，例如教务部门的教务信息管理系统、科研管理部门的科研信息管理系统，人事部门的人事管理系统，设备管理部门的固定资产管理系统等。而高校财务部门又包含财务管理系统、学生收费系统、酬金系统、无现金系统等各种财务信息

---

① 陶海秀. 区块链技术对高校财务会计领域的影响研究 [J]. 商讯, 2021 (25)：32-34.

系统。这些信息系统之间由于缺少统一的规范标准及数据接口，导致高校内部各信息系统之间无法实现数据的融合与实时共享，对跨部门的业务处理困难。随着国家对高校"双一流"建设的不断推进，高校财务工作日益复杂，一方面要具备对"双一流"高端科研任务的辅助决策、强化激励等财务管理职能，另一方面要承担"双一流"建设要求的强化监管、绩效考核等受托责任职能。当高校进行决策时，就要对各个信息系统的数据进行筛选、转换、整合，才能提供满足决策要求的数据信息。然而烦冗复杂的数据处理一方面容易出错，导致提供的决策信息不准确；另一方面浪费了大量的人力物力，使高校有限的资源使用效率低下。因此，如何应用新一代信息技术实现高校内部信息的统一规范，提升高校内部各信息系统之间的集成水平，实现数据实时共享，构建以信息化为核心的高校财务管理体系，是目前高校亟待解决的问题。

（二）运行效率低

当前高校财务信息系统普遍采用中心化记账模式进行会计记账。这种模式，不仅会导致财务高风险，还会导致运行效率低下。中心化记账模式中经济业务需集中批量处理，同时需要相关业务人员提供发票等附件材料、填制报销单，会计人员审核原始会计凭证，手动进行会计结算、对账等。这样，就会导致众多会计从业人员每天从事着单一、重复的细分业务，而无法进行创造性的工作，造成严重的人力资源浪费。

以高校日常报销业务为例，首先，财务报销涉及的报销主体众多且类别繁多，如报销主体包括各类教职工、在校学生等，报销类别涵盖了科研项目、学校专项、各类专用基金项目、中央专项、地方专项、人才项目等。其次，高校财务报销审批环节烦琐，出于谨慎性原则考虑，高校财务部门对不同报销类别、金额都规定了严格的审批制度，如各部门领导负责其分管的项目经费审批，超过一定金额的还需报分管校领导审批等；各类材料报销需经办人、验收人、项目负责人签字；固定资产报销需填制验收单、设备处审批，超过一定金额还需提供购买合同等，而报销人员准备好相关审批材料送达财务部门后，再由财务人员逐一进行手动审核、结算。然而，由于高校的业务特点及各类财政资金截止时间较为集中，因此，财务报销的高峰期一般集中在学期初、学期末和年终，这时集中报销导致财务人员的工作量及压力急剧增加，进而导致报销效率大幅降低。由于高校各部门间系统集成和共享程度低导致数据信息无法实现跨部门处理，不仅不能实现"数据多跑路，经办人少跑腿"的目的，反而需要经办人多跑腿来打通不同部门之间的信息壁垒。这一方面给业务办理带来了诸多不便，另一方面可能会由于经办人主观或客观认识不足带来财务风险。此外，由于高校财务流程复杂，一方面导致较高的时间成本，当任意一个环节卡滞或延误时，整个财务流程就会停滞不前、效率低下；另一方面，一旦某个流程出现了风险，整个财务流程风险都会增大。显然，高校系统集成和数据共享程度低、财务风险高和运行效率低已经成为高校财务管理的顽疾。

### (三) 财务风险高

现行会计行业普遍采用集中式账本模式进行会计记账，应用复式记账法对录入会计信息中已发生的交易信息进行记账，在双向记账理念下实现纠错机制、降低错误率，保证各项交易信息准确、完整。然而，随着信息技术的迅猛发展，在互联网模式下，交易必须经过中心机构认可，若没有中心机构，就无法确认交易是否发生或者重复确认，这就是"双重支付"。为解决这个问题，会计中需要设立总账以反映项目的总体变动情况。目前基于复式记账的集中式账本模式已无法保证财务报告的及时性和可靠性，实际应用中容易存在人为篡改等财务风险。此外，传统的会计信息系统在进行会计信息处理及存储过程中，主要依靠中央处理器进行集中式处理，如遭遇网络攻击就会产生数据丢失无法复原的风险。从高校财务层面看，目前高校财务部门为保证数据安全，多采用局域网，账务信息系统只能接收到与之关联的相关校内系统中存储的信息。然而，需核算的会计信息多为校外已发生的交易信息，从交易信息发生到送至财务部门核算处理会有一定的时间差，导致财务部门的会计信息处理滞后，无法满足会计信息的及时性要求，且在财务处理过程中受制于系统的局限性，无法保证会计信息的可靠性。因此，高校财务部门应积极探索、应用新一代信息技术改变高校财务的记账模式，降低财务风险，保证会计信息的可靠性和及时性。

## 三、区块链技术对高校财务管理的影响

### (一) 对财务预算管理的影响

近些年，我国科学技术发展迅速，先进技术在很多行业和领域都得到了广泛应用，并取得了不错成效。区块链技术的应用，对高校财务会计的影响是方方面面的，其中最首要的就是预算管理方面。预算管理能够对高校各部门的预算编制、执行等情况进行动态化监管，实现资金的最合理分配，因此要根据实际情况制定长期工作计划，为各项工作的顺利开展奠定扎实基础。财务会计人员要转变思想观念，切实做到统筹兼顾，以现有资金的利用情况作为主要参考依据，将资金应用到教育事业方面，加强各部门和财务会计之间的联系，对办学资金进行合理规划。区块链技术作为一种新型技术，具有去中心化的特点；传统的预算管理以预算编制部门为绝对主导，对其他部门的资金使用情况进行安排和监督。但是在建立了信息化管理系统之后，能够加强各部门之间的联系，财务数据交流、共享更加通畅。不仅如此，和其他技术相比，区块链技术的安全性更高，可以更好地建立信任关系，提升数据的安全性、可靠性。

### (二) 对财务会计内部审计的影响

内部审计能够对高校财务部门的会计行为进行监督和检查，从而及时发现其中存在的各种违规操作，起到规范会计人员行为的作用，让财务会计工作能够顺利开展。传统内部审计工作主要由专业人员进行，信息披露程度低，信息的不对等，容易让职业道德精神不强的职工利用职位谋取个人利益，形成了不良工作风气。而区块链技术的应用能够带来积极影响，可实现财务会计信息的透明公开，从而让有关人员了解每一笔资金支出的时间、金额，以及原始票据等各种信息，净化了工作环境，能够让监督工作落到实处。不仅如此，区块链技术的最大优势就在于，能够省去传统工作中很多复杂繁琐的步骤，简化了工作流程，在将财务数据上传之后，不可篡改，避免了徇私舞弊问题的发生，能够大大减少审计风险，提升工作效率的同时，保证了信息的安全性。随着科学技术的不断发展和进步，未来高校可以利用区块链技术来自行对财务工作进行监督，"自审计"模式在不久的将来具有较大推广和应用价值。

（三）对会计核算的影响

去中心化是区块链最显著的特点之一，节点之间的信息并不需要授权就能够直接进行传输，且信息之间等级层次感不强，能够让会计人员及时了解到总账目、分账目中的各项数据信息，所有和经济活动、业务、交易有关的财务数据都能够一目了然。区块链技术对高校财务会计核算的影响主要体现在以下几个方面。

首先是单据稽核方面，利用区块链技术构成的网络系统，能够取代传统人工识别，大大提升工作效率。和其他技术不同的是，区块链中的数据不可被修改，因此安全性极高，且一旦发现有修改的迹象或行为，可以直接向其他节点进行反馈，让技术人员第一时间了解到异常信息，因此在单据稽核工作中，基本不会发生弄虚作假的行为。例如，某高校教师因为课程要求，需要购买相应的教具以及教学辅助材料，在采购过程中，可以将增值税发票、入库单、合同以及其他票据都录入到区块链构成的系统中，在报销时可以随时查找相应的信息，各类报销凭证的真实性也能够得到保障。

其次是资金运作方面，高校和普通单位、企业不同，无论是国内还是国际，无论资金数额的大小，都可以通过区块链技术实现资金转移，且无须通过银行进行转账，能够节省大笔手续费，为财务会计工作的顺利开展创造了良好条件，可有效提升工作效率。

再次是合理应用区块链去中心化的特点，能够让分布式记账成为可能，交易双方能够直接对数据进行收集和管理，无须和以前一样引入第三方机构，避免了信息孤岛的出现，公允价值、可变现净值等都能得到直接体现，提升了会计核算的客观性。

最后是财务报告方面。从传统工作模式来看，财务报告由财务人员编制，能够如实反映出高校近一段时间内的资金使用情况，以及受到的财政扶持情况；或是将上级部门的任务层层下发布置，在所有单位都填报表格之后，统一进行整理再进行上交。在区块链技术的应用下，可以优化财务报告工作流程，高校各部门能够直接从区块链条中获取所需要的信息，数据准确性、真实性得到了大幅度提升，且填报效率更高。

（四）对会计人员的影响

高校财务工作本身就具有复杂性、系统性等特点，对会计人员综合素质有着较高要求，在区块链以及其他新兴技术的应用下，有关人员需要全面提升自身专业能力，强化业务水平，拓宽职能范围，不仅需要掌握基本的会计知识，还要能够熟练应用先进技术，实现从传统会计核算到管理会计的转变，成为社会发展所需要的复合型人才。区块链技术在高校会计工作中的应用，能够利用信息化系统来完成记账、报告等基础性核算工作，可以将财务人员从复杂烦琐的工作中解放出来，了解高校其他方面的业务，从而对办学信息进行分析，根据实际情况制定财务会计战略规划。从这个角度来看，高校财务部门要加大培训力度，全面提升会计人员专业能力和综合素质，转变其思想理念，让其能够更好接受新技术的应用，成为综合性管理人才。可学习国内外高校的先进工作经验以及方式方法，定期举办学术活动，交流工作经验和心得体会，为会计人员创造对外学习的机会和平台，深入了解国家政策，以便更好适应高校财务会计管理工作的开展需要。

（五）对信息系统的影响

近些年我国科学技术发展迅速，各行各业都大力开展了信息化建设，大大提升了工作效率和水平。对于高校财务部门而言，要做到与时俱进，合理应用区块链技术，充分发挥其应用价值，代替传统的手工记账，利用时间戳以及其他功能，完善交易信息，详细记录交易时间、地点、经办人等，改变数据储存的方式，加强内外部信息沟通。在内部信息管理方面，区块链技术的应用，可以避免过去信息传递积极性不强、各部门之间联系不紧密等一系列问题；信息系统可以自动完成对数据的采集，一方面可让信息更加真实客观，另一方面各部门之间的联系也会更强，实现无障碍的数据传输。从外部的角度来看，区块链的点对点特点，可以省去不必要的中介以及第三方机构。例如，如果高校需要开展基础设施建设，在利用区块链技术向银行贷款时，就没有门槛，通过系统，有关人员可直接了解到交易结算的执行进度，在优化工作流程后，能够节省复核带来的成本。

## 四、区块链技术下高校财务转型的设计

随着科技的发展，以大数据、物联网、云计算、人工智能（AI）为代表的信息技术受到了全世界范围内的广泛关注。这些技术的应用不仅推进了产业结构调整、重塑世界经济和产业格局，同时还变革了生活和工作方式。在

此基础上的数字信息技术——区块链技术被认为是继蒸汽机、电力、互联网之后最具颠覆性的创新技术，由于其具有去中心化、去信任化、共同维护、不可篡改等特性，正日益受到金融、物联网、公共服务、数字版权、保险等领域的重视。区块链技术的核心是分布式账本，可以极大地减少信息不对称、降低财务风险，从而能够解决现行会计"集中式账本"模式存在的账务造假等问题，在会计行业具有巨大的应用潜力。然而，作为一项新兴技术，区块链在高校财务领域的研究尚不深入。本文在深入分析目前高校财务管理的现状及存在问题、区块链技术原理特征的基础上，探讨了基于区块链技术的高校财务转型设计。

为了克服高校财务系统集成和数据共享程度低、高校财务系统中心化模式下财务风险高、运行效率低等问题，本文设计了高校财务的"高校财务部门内部链–高校内部链–高校外部链"三级区块链架构，并基于该架构对高校财务进行转型设计。

## （一）三级区块链架构打破信息孤岛

在高校财务管理中，会涉及各个部门的信息管理系统。根据部门所处的单位，划分为高校财务部门内部、高校内部和高校外部三个层次的区块链，如图3-1所示。通过该三级区块链，可以将校内单位和校外单位数据区块采用链式结构相连，打破信息孤岛实现数据共享。

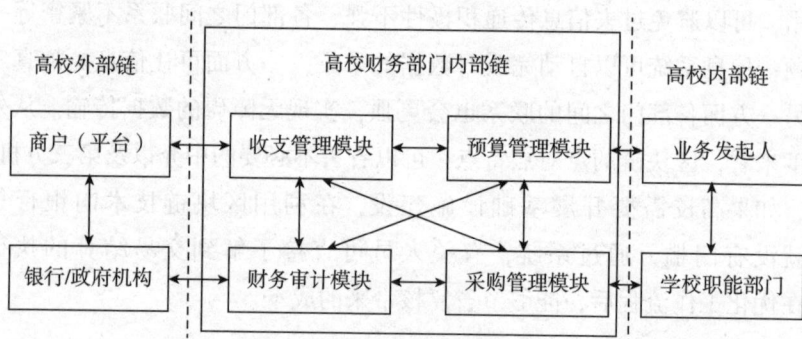

图3-1 高校财务三级区块链架构

## 1. 高校财务部门内部链是三级区块链架构的核心链

高校财务部门内部链是"高校财务部门内部链—高校内部链—高校外部

链"三级区块链架构的核心链,是所有财务业务必须要经过的区块。从归属上讲,高校财务部门内部链是高校内部链的一部分,在业务中同时起到沟通高校内部链和高校外部链的作用,也可以归属于高校外部链的一部分。鉴于高校财务部门内部链的重要性,在本架构中将其作为独立的一级区块链。高校财务部门内部链是高校财务系统处理业务的主要环节,该内部链主要有四个数据节点,分别是收支管理节点、预算管理节点、财务审计节点、采购管理节点。这四个数据节点之间可以实现数据共享。高校财务部门内部链的搭建,可以有效提升高校财务系统的集成程度,实现了财务管理部门的内部数据共享。作为三级区块链架构的核心链,高校财务部门内部链能够实现财务信息的有效管理和整合,无论是校外单位数据节点还是校内单位数据节点,都可以通过高校财务部门内部链获取相关信息,从而为三级区块链的实施提供保障。

2. 高校内部链是三级区块链架构的服务环节

高校内部链是高校财务管理的发起环节,也是"高校财务部门内部链—高校内部链—高校外部链"三级区块链架构的服务环节。除独立的高校财务部门内部链外,高校内部链还包括业务发起人和高校职能部门两个系统节点。高校内部链中业务发起人节点是高校财务业务的发起环节,发起人可以是高校教师、学生、管理人员等,通常也称为经办人。高校职能部门是指除财务管理部门之外的其他所有与财务业务相关的部门,例如研究生院、教务处、科研院、人事处、设备处、各院系等,高校每个职能部门的信息管理系统都是区块链上的一个数据节点。设计高校财务三级区块链架构的最终目的是解决问题,而这些问题往往是由校内业务发起人发起的。将高校内部链纳入三级区块链架构,有助于提高工作效率。此外,由于高校财务制度繁杂,不同部门之间的规定存在差异,在区块链中引入高校职能部门有利于更好地贯彻财务制度,降低财务风险。

3. 高校外部链是三级区块链架构的重要组成部分

高校外部链是高校财务管理的必备环节,也是"高校财务部门内部链—高校内部链—高校外部链"[1] 三级区块链架构的重要组成部分。除独立的高

---

[1] 李晶, 曾桃华. 区块链视角下高校财务转型的设计与展望 [J]. 商业会计, 2022 (04): 87-90.

校财务部门内部链外，高校外部链还包括商户（平台）和银行/政府机构两个系统节点。商户（平台）主要是指为高校教学和科研提供服务，并与高校财务部门发生财务往来的校外单位，例如设备供应厂商、商务平台（携程、京东等）、校外科技合同委托单位等。为高校教学和科研提供服务是商户进入高校外部链的前提，而与高校财务部门发生财务往来是商户进入高校外部链的必要条件。除此之外，校外教育部门、财政部门、税务部门等政府机构以及银行等单位，都是高校外部链上的数据节点。然而，与高校财务部门内部链和高校内部链相比，高校外部链主要链接校外单位，其能否完全实现不仅仅取决于高校财务管理的自身意愿，还与校外单位参与意愿密切相关。只有积极搭建高校外部链，打破校内校外的沟通界限，才能最终完全发挥区块链的优势，彻底解决高校财务面临的问题。

### （二）三级区块链架构下的高校财务业务重塑

信息技术的发展会在一定程度上改变高校财务的运行模式，例如计算机和互联网的应用推动了线上业务的发展。同样，为了充分利用"高校财务部门内部链—高校内部链—高校外部链"三级区块链架构，高校财务业务也需要进行重构。

#### 1. 区块链信息共享与加密

信息共享是构建三级区块链架构的主要驱动力，只有实现信息在不同单位和部门之间的共享，彻底消除信息孤岛，才能充分发挥区块链的作用。区块链分别通过数据层和网络层两个层次实现数据的共享。数据层主要包括链式结构、数字签名、非对称加密等环节，网络层主要包括 P2P 网络、传播机制、验证机制等环节。然而，如果对信息无限制的共享，一方面容易造成信息泄露，存在安全隐患，另一方面，过多的数据会导致维数灾难，使数据难以处理。因此，在高校财务三级区块链架构中不仅要实现数据共享，还要根据业务需要对数据进行加密。

#### 2. 同级业务去中心化并行处理

区块链在交易过程中，可以将交易信息广播至全网并纳入下一个区块中，因此可以实现信息在不同部门之间的共享。在这种情况下，可以利用区块链去中心化的特性，将原来的树状业务处理方式转变为并行处理方式。通过这种方法，能够有效地加快业务办理流程，从而解决财务中心化模式下运行效率低的问题。

3. 非同级业务时序性不可篡改

尽管采用中心化并行处理能够极大地提高工作效率，但并不是所有的高校财务流程都能够并行化处理。例如，设备招投标必须要在财务和设备管理部门通过申购申请之后等。这主要是因为设备招投标与设备采购申购为非同级流程，只有通过设备采购申请后，才能执行设备招投标环节，这也是高校财务管理应用区块链时，需要强调的非同级业务时序性的原因。由于非同级业务时序性不可篡改，高校财务管理的关键流程必须要按照相关财务规定的顺序进行先后处理，而这部分工作往往会集中到高校财务部门内部链中。因此，高校财务部门内部链在三级区块链架构中起到核心作用，并不是因为它是三级区块链架构的中心，而是高校财务管理的关键流程由于时序性不可篡改导致高校财务部门内部链是三级区块链中业务最为密集的。

## 五、区块链技术在高校财务管理中的应用

长期以来，高校所构建的财务信息管理系统及所形成的财务管理模式，可能难以适应高校财务价值创造型管理模式的发展要求，因此高校现行的财务核算体系和财务管理模式亟待革新。区块链技术自 2008 年诞生就受到了广泛的关注，区块链是由多个独立的区块形成的链状结构，每个独立的区块被视为区块链的节点，当其中任一节点发出通知或修改信息时，系统会以广播的方式自动通知其他节点。区块链本质上是一种去中心化的链状结构数据管理技术，各节点都能够独立记录且可以监督其他节点的数据变化情况。因而，这种信息记录方式更真实可靠，数据很难被恶意篡改，安全性较高。区块链技术特点符合高校财务管理安全、透明、真实和完整的要求。在高校财务管理活动中引入区块链技术，有助于帮助高校转向价值创造型的财务管理方式，并提高高校财务数据的安全性与透明度。

(一) 区块链技术应用于高校财务管理的价值

1. 保障高校财务数据完整与安全

区块链技术的一个重要优势就是安全性强，区块链的各节点都是按照时间顺序构建的一种完整链式结构。首先，区块链基于哈希函数对数据加密，安全性极高，且修改信息时能够通过记录时间戳追溯，有效保障了数据

信息不被恶意篡改和伪造。其次，在区块链财务管理系统中，写入区块链模块的数据，只有匹配了智能合约中不同节点的全部条件，系统才会生成财务数据，这种智能化数据写入方式，可避免各节点人工操作可能导致的数据录入偏差，确保了数据的完整性和准确性。最后，区块链系统中明文、密文之间的转换必须使用私钥才能完成，因而大大提高了系统的安全性。

2. 确保高校财务数据真实而透明

区块链技术本身具有开放性，基于区块链技术构建的财务管理系统是开源的，从每个节点都能够调取实时的财务信息，每个节点经过授权后也可以对财务信息进行修改和更新，且系统会自动通知给其他节点。在区块链技术支持下，只要得到系统授权，高校各类财务信息均可以对系统用户开放，并可以从公共接口进入系统，查询相关财务信息，因而极大地提高了高校财务的透明度和真实性。此外，基于区块链技术构建的高校财务管理系统，智能化水平较高，每一笔账目的交易轨迹和交易时间都可追溯，并以固定格式被系统记录和存储，无法非法篡改，保障了数据的真实性。

3. 促进高校财务数据资源的共享

区块链技术具有较高的兼容性，可以匹配 B/S、C/S 等多种网络架构。基于区块链技术的高校财务系统建设，不需要全盘推倒现有的财务管理系统，不需要耗费大量的人力、物力、财力，只需要做优化升级，因而可为高校节省大量成本。针对现行高校财务管理系统数据分散、共享率低、容易产生信息孤岛效应的不足，引入区块链技术，可大大提升系统响应速率和财务信息资源的共享化水平。同时，区块链技术通过架构补充协议，也可以与当下主流的大数据、云计算、人工智能等技术相融合，因而可动态性地提升高校财务数据的共享化水平。

（二）区块链技术应用于高校财务管理的策略

1. 升级区块链系统硬件

区块链技术的应用，虽然打破了原有高校财务管理系统的中心化记账模式，但其具有良好的兼容性和适应性，原有的高校财务管理系统仍可以继续使用，只需要在原有财务系统的结构上增加业务节点并延伸系统的拓扑结构，便可确保各节点具有相同的功能和数据处理权限。利用区块链技术对原财务系统进行升级和改造，无须投入过多的资源，财务系统的数据处理能力便可得到巨大提升。当然，为保证升级后的高校财务管理系统稳定性，仍需要投入一部分资金对各节点的硬件设备进行升级，如提高 CPU 算力、加大内存性能、更换性能更强的区块链路由器等。如果财务管理系统的节点较多，还要增强中央处理器、图像处理器和网关的性能，以满足高校财务管理系统的正常运行。

### 2. 提高财务系统安全性

尽管基于区块链的财务管理系统的安全性较好，但是在开放的网络环境下，智能化财务系统也将面临来自网络的攻击——由于区块链系统节点众多，受到网络攻击的风险仍然较大。因此，高校财务部门应通过优化软件，提高财务系统安全性。一方面要重视安全防御软件的优化，以增强系统主防火墙的防御功能，提升入侵检测系统灵敏度，当出现恶意程序攻击时及时定位和预警；另一方面要改善各种财务系统软件的运行环境，通过不断地升级软件和提升软件兼容性来减少网络系统的漏洞，提升高校财务管理系统的软件防御性能。此外，还需要定期升级各节点的操作系统，确保整个高校财务管理系统稳定运行。

### 3. 实施财务管理过程管控

区块链技术被引入后需对原有的高校财务管理工作流程做出优化和调整，并对高校财务管理的全过程实施管理和控制。区块链技术模式下，高校财务管理的失范风险依然存在，"过程管控的理念是对每一条节点链路均实施控制，确保能够识别到风险点，并及时采取措施消除风险"①。一方面要对高校财务系统的预算模块、核算模块和收支模块的业务流程进行重新优化；另一方面要充分利用区块链技术分布式记账的优势，实现财务信息的充分共享，降低系统性财务风险。在实践中，可先按照内部节点和外部节点分别设置不同的业务场景，再根据具体的业务场景设定与之对应的智能合约及触发条件。

### 4. 优化相关法律和制度环境

区块链技术是新生事物，区块链技术在高校财务管理中的应用尚处于试点阶段。基于区块链技术的高校财务管理工作和财务数据核算方式，必须满足现行会计准则的要求，且要受到相关法律条款的保护。从现行的会计法律

---

① 熊一心. 区块链技术在高校财务管理中的应用 [J]. 合作经济与科技, 2022 (24): 122-123.

制度体系来看，还没有针对区块链技术应用的相关法律条款，国家立法部门和财政部门应尽快出台相关的法律条款、行业标准和操作规范，以优化区块链技术应用的法律环境和制度环境。制定完善的法律规章与制度规范，既有助于保障高校的基本权益，也有利于相关部门对高校财务工作实施监管。

5. 做好复合型人才培养工作

一方面将区块链技术应用于高校财务管理实践，需要对现有系统进行升级和改造，而区块链技术的专业性较强，因而需要从外部引入或在高校内部培养区块链领域的专业人才，做好财务管理系统的设计、安装、调试和维护等基础性工作；另一方面要对高校财务部门人员、其他部门节点数据录入人员等进行专业化的区块链技术培训。未来，随着区块链技术的发展及区块链与高校财务工作的深入融合，高校需要大量既懂财务管理知识，又能掌握基本区块链技术、大数据技术、人工智能技术等新技术的复合型人才。因此，高校应做好人才培养工作，以应对高校财务管理工作发展。

综上，将区块链技术应用于高校财务管理实践之中，是高校财务管理领域的一次变革。基于数据共享、时间戳和数据加密机制，将数据块写入区块链，对于确保高校财务数据准确、安全、完整与有效共享，均具有重要的价值。因此，高校、政府及相关社会部门有必要加大软硬投入、加强财务管理全过程控制、优化法律与制度环境、做好复合型人才培养，以更好地发挥区块链技术优势，提升高校财务管理实效性。

# 第四章　高校财务信息化建设总体思路

高校财务管理信息化一直是众多高校财务专家学者研究的热点，因为高校财务管理信息化的建设与完善程度直接影响着高校信息化的建设进程，高校财务信息化建设是高校信息化建设的重要内容之一，对高校财务管理信息化的建立有着深远影响。一切从实际出发，结合自身实际情况制定高校财务管理信息化系统，不仅可以促进高校财务管理体制的改革，还可以提高财务业务流程的合理性以及规划规整财务工作。加快周转高校资金的回笼速度，努力提高财务工作的质量，把高校财务决策失误降到最低，努力提高财务工作者的办事效率，进而提高高校的办学质量以及发展建设速度。高校财务管理信息化建设不仅对是对高校财务理念进行创新，更是对高校财务管理手段进行变革。

本章主要论述高校财务信息化建设的总体思路，包括其理论支持、建设原则以及建设的总体思路的分析。

## 第一节　高校财务管理信息化建设的理论支持

### 一、高校财务信息化的相关概念

#### (一) 财务信息化

信息化是充分利用信息技术，开发利用信息资源，促进信息交流和知识共享，提高经济增长质量，推动经济社会发展转型的历史进程。"财务信息化是一个通过综合应用计算机硬件、软件、网络等信息技术手段，与财务管理模式相结合，对财务数据等信息资源进行优化和整合来为财务管理和信息管理提供服务的一个过程。"① 财务信息化建设以网络为基础，利用信息技术

---

① 邓语芊. 高校财务信息化建设研究［D］. 深圳大学，2017.

和方式，将财务核算和管理工作的各个方面数字化，从而使财务服务在时间和空间上获得延伸。

（二）高校财务信息化

财务管理是一项经济管理工作，通过组织、控制和协调资金运动来实现现代企业目标。而公办高校由于会计制度、管理目标、资金来源等都与企业存在差异，高校的财务管理的概念有所不同，高校财务管理是对学校预算资金的管理工作。在财政部发文的高等学校财务制度中详细规定了高等学校财务管理的主要内容，包括预算管理、资金筹集、会计核算、资产管理、风险控制等。其中尤其强调了高校的所有收入和支出都要求纳入预算，所有的经济管理活动都围绕着预算资金展开，因此高校的财务管理是对预算资金的管理。

高校财务信息化是在当代信息技术、会计电算化和财务管理等基础上，实现高校各项财务业务的计算机信息化操作与管理。从而更新构建财务管理结构，重整财务业务流程，建立新的财务信息管理系统，使财务信息资源能在财务内外网不受时间、空间的限制进行流通和共享的一个持续的过程。

（三）财务管理信息系统

财务管理信息系统是利用信息技术对财务管理各个环节进行管理的信息系统，由多个模块集成，通常包括财务核算模块、预算管理模块、工资管理模块、资产管理模块等。财务管理信息系统是会计学、计算机技术、网络技术及管理学等多学科知识融会贯通而构建的产物，能够对财务数据进行收集、存储和分析，保证会计信息的完整性、真实性和及时性。

财务管理信息系统是高校实现财务信息化建设不可或缺的部分，高校的财务管理系统要遵从新政府会计制度、事业单位会计准则、高校财务制度等法律法规而设计，充分运用信息化手段来实现信息共享、提高财务管理水平、优化资源配置，增强高校的办学实力。

（四）全面预算绩效管理

全面预算绩效管理是一种将绩效管理理念贯穿于预算管理全过程的管理模式，企业在既定的经营目标下，以结果为导向对资源获得、配置和使用做出财务计划，并对实施过程进行控制、对结果进行评价和反馈。全面预算绩效管理中的全面强调了预算管理的覆盖面大，要求全员参与、全方面管理、全过程控制，而绩效则强调在预算编制、执行、监督的过程中着重关注预算资金的产出和结果，将资源分配的增加与绩效的提升联系在一起。

"高校的全面预算绩效管理要求预算的使用要以提升教学质量、科研水平、社会服务效果等为绩效目标。"① 全面预算绩效预算工作要求全校的各学院、各职能管理部门、附属单位以及所有承担科研工作的老师都参与到预算工作中，对经济活动做到全覆盖的预算管理，对预算编制、审批、下达、分配、执行、决算等全过程进行控制。

## 二、高校财务信息化的理论基础

### (一) 耦合理论

耦合理论指多个系统协同作用并相互影响的现象。优秀的耦合系统中，各个子系统之间互相依赖、协同作用，呈现一种良性沟通的动态联系。随着信息技术的飞速发展，组织内部各部门不应该再是各自为政的孤岛，而应该整合各自的业务系统，实现能够连接互动的耦合体。

耦合度是指系统中各个模块之间关联程度，包含控制关系、调用关系和数据传递关系。模块之间的关联程度越高，系统的耦合度越强，同时系统的独立性越差。

耦合度包括多种类型，下文依据其耦合度由高到低的顺序依次做了简单介绍：

内容耦合。一个模块被彻底改变或者没有通过正常接口直接作为另一个模块的数据进行使用的情况叫作内容耦合。由于内容耦合的耦合度最高，因此最好避免使用。

公共耦合。不止一个的模块协同作用导致整体数据变化的情况叫做公共耦合。在模块数量过多时，要确定是哪一模块导致整体变量变化有一定的难度。

控制耦合。甲模块通过对应的接口向乙模块发送控制信号，乙模块根据命令产生一系列的变化的情况叫作控制耦合。

数据耦合。各模块之间利用参数传递信息数据的情况叫作数据耦合。由

① 王俊琳 . CD 大学财务信息化建设难点及对策研究［D］. 成都大学，2022.

于数据耦合的耦合度最低，因此一般系统普遍都会用到数据耦合，通过数据耦合向另一模块输入数据来实现特定的功能。

系统设计评价一个最重要的标准就是耦合度，原则上如果要在模块之间使用耦合，就应该采用耦合度最低的数据耦合，控制耦合尽量少用，公共耦合限制使用，内容耦合最好避免使用。

## （二）信息不对称理论

信息不对称理论是由乔治·阿科尔洛夫、迈克尔·斯彭斯和瑟夫斯·蒂格利茨三位美国经济学家提出来的。该理论可以概括为在市场经济活动中，往往由于信息的不对称造成一些"不平等"的现象，通常是掌握信息较为充分的人员处于优势地位，而信息掌握得不够充分的人员在市场中处于劣势地位，比如，在经济交易活动中，卖家总是比买家掌握该产品的信息更加充分，卖家清楚售价保持在什么范围内可以盈利，而买家往往对这个产品的来源、成本、构成等因素不了解，因此就会花费高于该产品成本价的金钱去购买此产品来满足自己的消费需求。在市场中市场上的系统提示和政府的宏观控制，可以弥补一定程度的信息不对称对经济造成的危害。股市价格变动、失业就业、商品促销等都是该理论的表现。且该理论应用较为广泛，从传统的农业市场到比较前沿的金融市场等很多行业领域都适用。

## （三）新公共管理理论

新公共管理理论以现代经济学和私营企业管理方法为基础，倡导在公共管理中要强调公共管理服务效果、明确责任机制，将竞争机制引入管理模式中，弱化权力，发挥市场在资源配置中的优势作用，让各类公共组织的管理兼具了政府职能和市场作用。新公共管理理论的适用主体为公共管理部门或公共服务部门，核心价值在于帮助行政事业单位通过公共管理实现公共服务的高效率、高绩效。

高等院校属于文教类的公共管理事业单位，适合应用新公共管理理论，其中有三个基本思想有助于改进高校财务管理中存在的问题。第一点是以顾客为导向，在高校中便体现为服务师生，高校的所有公共管理工作包括财务管理都应该以提高师生满意度为目标。第二点是重视产出和结果，高校追求教学质量和科研水平的提升是财务管理工作的出发点和落脚点。三是，成本效益分析观念，在高校财务管理中要从"投入"和"产出"对比分析来看待预算使用的必要性、合理性，才能达到财政部对高等学校财务管理提出的努力节约开支、提高资金使用效益的任务。

### (四) 流程再造理论

流程再造是一种单位活动，它的内容是彻底地重新分析与设计单位运行程序，进行相关变革，以追求运行效率和管理水平的提高。流程再造的重点在于选定对单位运行最重要的几个部分进行重新规划改造。流程再造的目的在于对成本的降低和品质、服务、效率的提高实现重大改进。

流程再造的核心是针对用户满意度的业务流程再造，要转变单位依据职能设立部门的管理方式，换成以业务流程为中心，变革单位管理过程，确认单位整体的业务流程，不再追求个体最优，转而追求整体最优。

单位的管理方式应该由流程驱动，在平常的管理过程中不断对流程进行调整、改善，这样流程设计才能和单位整体更适应、更兼容、更科学。

### (五) 内部控制理论

内部控制基本假设：①控制实体假设是指内部控制服务的对象，包括特定单位和部门；②可控性假设是指控制客体对于控制主体来说必须是可控的，否则内部控制就没有意义了；③人性假设是指人的本质包括三方面，经济人、社会人和自我实现，基于人的本质，内部控制的实质是约束和激励人的一种机制；④不串通假设是指内部控制的核心在于内部牵制，不相容职务不能兼任。

内部控制基本原则：①合法性原则，内部控制活动必须符合国家法律法规以及单位规章制度；②相互牵制原则，要完成一项经济业务的全过程，必须配置不止一个的职位或人员分别完成，以实现相互牵制；③程式定位原则，在建立单位内控制度时，需要根据各职务性质和不同人员进行权责分配、制定规章制度、明确纪律标准；④系统全面原则，内部控制是一个整体系统，涉及单位的方方面面。一方面，内部控制要完整全面，避免有漏洞可钻。另一方面，内部控制的各部分应该相互协同合作，有机统一；⑤成本效益原则，内部控制应该用最小的成本取得最大的效果，保证效益大于成本，否则将无益于提高管理水平，甚至会阻碍单位运行活动；⑥重要性原则，单位的内部控制活动应该根据不同的重要程度对症下药，控制项目越重要，采取的控制程序方法越严格，例如在高校财务支出业务中，对于重点管理的项目经费或者达到一定金额的费用支出，应该由财务处领导甚至校领导加批，反之则可以适当简化。

内部控制五要素：①内部环境，内部环境是单位实现内控活动的基本，一般由治理架构、岗位设置、权责安排、企业文化、内部审计等组成；②风险评估，风险评估是指单位系统分析、及时识别内控活动中的相关风险并合理确定对策；③控制活动，控制活动是单位通过分析对风险进行评价，采取相应措施把风险把握在可控范围内；④信息与沟通，信息与沟通是单位及时准确地收集传递相关内控信息，以实现单位内外之间的有效沟通；⑤内部监督，内部监督是单位内控建立与实行情况的自检自查、自我评价和自我改进。

## （六）大数据理论

大数据目前还没统一的业内定义。身份定位不同、社会地位不同、出发角度不同，对大数据的理解也不同。IT 研究与咨询公司高德纳认为大数据是通过新型处理模式来增强决策力、洞悉力和流程优化能力的海量、多样、增殖的信息资产。麦肯锡则认为大数据是指其数量和种类超过了传统数据库软件收集存储和管理分析的数据集合。并没有一个严格的标准规定数据集合必须具备多大规模才能称为大数据，大数据是一个相对的概念，它应该是对象、技术与应用三者的统一：①从对象角度来说，大数据是指其数量和种类超过了传统数据库软件收集存储和管理分析的数据集合；②从技术角度来说，大数据是从许许多多类型的数据集合中，快速获得有使用价值的信息；③从应用角度来说，大数据是对特定的数据集合集成应用、获得有使用价值信息的行为。

总之，"大数据"是海量数据组成的集合，其显著的特征包括以下几个方面：①数据海量性，传统意义上的数据量巨大已经无法形容"大数据"量级；②多样性，数据的存储和传输形式远远超出符号、文字、数字的框架，图片、语音、视频以及与之有关的各类模拟量大量展示着"大数据"的魅力；③速度快，大数据的存储、传输和运算都快得超乎想象；④变化性，快速的存储、传输和运算必然使得海量的数据处于不断的变化当中；⑤真实性，由于海量数据的处理必须依托分布式处理、分布式数据库和云存储、虚拟化技术等云技术的应用，使得人为影响数据的空间几乎没有，数据的质量性、真实性和可靠性极高；⑥复杂性，区别于传统的关系型数据库架构下的结构化数据，大量的非结构化数据和半结构化数据使得大数据无法简单的加以分析应用，复杂度极高。

## 三、高校财务信息化的相关技术理论

### (一) 信息化软件技术

随着信息技术的发展，信息的分布愈发分散，信息管理系统也越来越多元化。各种信息处理软件的架构也不断发展，日益成熟，来支持人们日益多元化的信息使用需求。

早期 F/S 架构，即 File/Server（文件/服务器）架构较不适应时代的发展，渐渐较少被提及。而后 C/S 架构，即 Client/Server（客户/服务器）架构在 20 世纪 90 年代逐渐成熟。C/S 架构具有强大的数据操作和事物处理的能力，它需要通过下载客户端来实现运行，能充分发挥客户端 PC 的处理能力，有快速的响应速度。但是它的维护和升级成本高，难以适应存在大量电脑用户的局域网同时使用，效率低。并且 C/S 架构只适用于局域网，不能支持 Internet，难以适应如今互联网时代移动办公、分布式办公的需求。因此 C/S 架构多适合于实时的事物处理，适用于财务内部业务处理和流转。

之后 B/S 架构，即 Browse/Server（浏览器/服务器）架构，作为 C/S 架构的一种改进或者变化，通过浏览器就能实现原来需要复杂软件才能实现的强大功能。B/S 架构具有操作简单的特点，只要有能上网的电脑就能使用。它的成本降低，维护和升级方式简单。但是基于 B/S 架构的模式特点，该模式的软件容易出现当业务逻辑复杂和处理量大时，服务器负载过重的问题，并且难以构造复杂的应用。所以 B/S 架构多长于数据的采集、信息的发布、查询与浏览。更适宜用于采集财务数据，对外公布相关信息，对有需要的使用者提供财务查询服务等。

C/S 架构和 B/S 架构各有优缺点，软件工程师们也日益发展深入研究，令混合 C/S 和 B/S 架构的软件也逐渐出现，更好地顺应现代信息管理的需求。

### (二) 数据库技术

数据库是长期存储在计算机中有组织以及能够共享的数据集合。它是一个按数据结构来存储和管理数据的计算机软件系统。具有永久储存、较小冗余度、有组织、较高数据独立性等优点，是很多大型的信息系统的设计基础。目前高校中常用的数据库管理系统有 SQL Server、Oracle 等，它们不仅能存储信息，还利用网络平台提供网络化的控制数据、查询数据、权限管理等方便的能力。

SQL Server 是 Microsoft 公司旗下的关系型数据库管理系统。它的优点有使用方便、可伸缩性好、与相关软件集成程度高等，而且可跨越多种不同的平台使用。MicrosoftSQL Server 是一个全面的数据库平台，它的数据库引擎为关系型数据和结构化数据提供了更安全可靠的存储功能，可以构建和管理用于业务的高性能的数据应用程序。

ORACLE 数据库系统是美国 ORACLE 公司（甲骨文）提供的以分布式数据库为核心的一组软件产品，是目前最流行使用最为广泛的 C/S 或 B/S 体系结构的数据库之一。ORACLE 数据库是一个拥有完整的数据管理功能，通用的数据库系统；是一个完备关系的产品的关系数据库；也是实现了分布式处理功能的分布式数据库。

（三）Web Service 技术

Web Service（web 服务）技术是在 Internet 上进行分布式计算的基本构造块，是建立可交互操作的分布式应用的新平台。通过 Web 服务技术，运行在不同机器上的不同应用可相互交换数据或集成而无须借助其他第三方软件或硬件。依据 Web Service 规范实施的应用之间，互相交换数据不存在任何限制。

（四）移动智能终端技术

移动智能终端是指具有操作系统，使用宽带无线移动通信技术实现互联网接入，能够通过下载、安装应用软件和数字内容为用户提供服务的移动终端产品。例如智能手机、笔记本、平板电脑等。这些智能终端拥有高速接入网络的能力，可便捷地连接到互联网；有着开放的、可扩展的操作系统平台，可以灵活扩展终端的功能；拥有触摸屏、语音识别、传感输入等丰富的人际交互技术使终端的操作和应用更智能和便捷。移动智能终端的技术发展日新月异，如智能手机其更新换代非常迅速，使得智能手机除了有通讯功能外，日益拥有更丰富的功能。通过智能手机的信息传播非常迅速、便捷，是如今信息传播、人际交流的一大载体。

# 第二节　高校财务信息化建设原则

## 一、高校财务管理信息化建设遵循的基本原则

在高校财务管理信息化建设的过程中，必须制定并遵循一些基本的原则，这些基本原则能够为高校信息化的有序推进保驾护航。

高校财务管理信息化建设要遵循的基本原则包括以下几个：

一是安全性原则。投入经费有限是高校进行财务信息化建设的难题，但绝不能成为牺牲安全性的借口。财务数据在开放的互联环境下运行，因物理侵入、计算机病毒、信息泄露、非法使用导致的拒绝服务等都可能引发财务安全事故。因此，高校财务信息化建设的首要任务就是要通过加强网络技术和相关制度建设来保障财务信息平台的安全。高校可以从自身实际情况出发，从以下四个方面建立财务信息化安全管理体系：一是在硬件上实现财务核心数据服务器与财务应用系统服务器之间的物理隔断；二是根据业务范围、风险类型、使用权限、审批权限，制定相关管理制度和内部控制制度，并通过软件的合理设定，实现对数据访问权、操作范围等的规范，例如准入系统的设置，只有内网的会计工作终端才可以访问财务核心数据服务器，以此保障核心数据的安全性；三是实行专业机房管理模式，程序化进行设备维护和网络通信保障；四是确保使用正版的安全软件、操作系统和财务系统，并且加强软件的日常管理，及时进行升级维护。

二是适用性原则。高校建设财务信息化系统，应坚持以下适用性原则。首先，适用相关规章制度，即遵从国家颁布的《会计法》《预算法》等财经法规。其次，要适用于地方高校特有的财务管理规律。地方高校的经济活动及其与利益相关者之间的关系有别于政府或其他类别的企事业组织，因此在财务管理上也要有所区别。再次，要适用于同级教育、财政主管部门的管理要求。由于各省（市）教育和财政主管部门在高等教育的政策制定与财政一体化系统管理上存在不同，使得部属、省属、市属等各级各类高校对财务管理的要求存在较大区别，因此不能盲目照搬其他高校的成功经验。最后，应当立足于地方高校的经济业务特点和需求，从高校自身发展需要出发，规划

建设符合地方高校实际的财务信息化平台。

三是系统性原则。当前如火如荼发展的信息化是地方高校实现弯道超车的历史机遇，因此综合的信息化平台建设是事关高校未来事业发展全局的关键。财务信息化必须纳入全校信息化建设的总体规划当中，实现统筹协调发展，不能仅从会计业务的角度建设财务信息化平台，这样会割裂各相关业务系统、监督系统等与财务系统之间的联系，无法实现业务财会和监督系统的有机融合。因此，在高校规划财务信息化建设方案时，需要系统性地考虑各项经济业务、监督职能与财务工作的关联性。

四是扩展性原则。高校财务信息化建设是一个动态的、持续的过程，在充分考虑当前财务管理需求的同时也要结合高等教育发展规律、财政管理政策、信息化技术前沿等变化，判断财务信息化建设的发展趋势，为硬件设备和软件系统建设留有功能扩展空间。

## 二、高校财务管理信息化建设的目标原则

高校的职能是教学、科研和社会服务，在互联网飞速发展的今天，高校财务管理信息化的建设必须将高校的组织管理机构、经济业务、内部控制、制度政策融合到管理，融管理于服务。以人为本，从全体教职工、学生的需求出发，利用信息化平台，实现全系统财务信息资源共享、业务联动、一体化管理，网上报销流程化、可视化，学生收费、薪资管理精细化，手机移动应用审批智能化，覆盖学校财务服务与管理的完整业务流程，使教育资金从预算编制、预算执行到财务核算、决算、监管、分析、决策、整个过程流程清晰、数据完整。利用网络信息数据实现对学校业务数据的收集、分类、汇总和分析，使财务工作人员能从大量烦琐且重复的工作中解放出来，将工作重心放在财务分析和管理上，为学校的战略决策提供更优质的服务。

### (一) 提高师生服务体验

基于财务管理信息化平台，教职工在预算申报、业务报销等流程上，可以直接在平台上报、申请，不再需要纸质申请，往返于各个领导签字审批，重复填写申报信息。系统可以及时推送各类资讯，师生、财务等管理人员也可以方便获得各类资费标准及最新国家财政政策。财务也不再反复进入不同的信息系统，而是以所办理的业务为目标驱动不同信息系统的相应流

程，财务业务线上线下融合，PC端移动端融合，薪资、报销、借款与支付平台融合，通过信息服务一体化①建设，解决高校普遍存在的"重管理、轻服务""重功能、轻实践"等问题。

## （二）实现财务信息共享

高校的财务信息存在的一个大问题就是数据独立，大部分的数据都是财务人员手工录入，面对这复杂又烦琐的数据，人工操作不仅容易造成数据不精准，而且易使工作人员情绪负面化。要解决这个"信息孤岛"的问题，在建设财务管理信息化平台前，就应该考虑到各个部门对财务信息资源的交互与共享的需求。财务管理信息化平台以财务数据为交换主体，建立了统一的数据标准，制定相关信息交换的格式，使数据共享更加方便快捷，保障信息数据能通畅。财务部门也可以对数据进行分类管理，针对不同的部门给予不同的访问权限，提高数据安全性、保密性。教职工、部门登录后台后可以及时获取相关数据，不再被动地等待。按权限进行数据交互，不仅仅增强了数据的保密性、安全性，而且大大地提升了工作效率，节约人力、物力和财力资源。

## （三）实现业务流程信息化

基于财务管理信息化平台，充分利用信息化网络服务，推动高校教学、科研、管理等各项事业的发展，为高校在项目预算、报销管理、科研管理、经费支出、财务决算和终端查询等方面实现网络办公，并设置角色权限分配，精细化分工，充分发挥信息化管理的便捷性，减轻财务管理人员负担，从而提升高校财务管理人员工作效率，提高服务质量。

## （四）全面融合管控

财务管理信息化平台应该以业、财、研、用、管等需求为向导，融合财务、服务、科研、预算、收支、资产等管理系统，建立数据交互中心实现数据对接，平台共享，全面管控，使学校各个部门能深度融合，多维有机协同。管理层可以通过财务数据风控预警分析，全过程绩效跟踪，提高决策的科学性、智能性。

---

① 谢小乐. Q高校财务管理信息化建设研究［D］. 江西：江西财经大学，2021.

## 三、高校财务管理信息化建设的具体原则

### (一) 符合新形势下的改革需求

随着国家财政改革，财务管理的内容和管理方式都发生了重大改变，许多新业务、新项目被纳入管理范畴，如财务信息化管理、内控制度建设、财政资金绩效评价等都给财务管理带来了不同程度挑战。高校的财务管理信息化建设应符合国家中长期教育改革和发展规划纲要，符合部门预算、国库集中支付、政府采购、非税收入管理国有资产管理等财政改革要求，利用信息化技术优势，加强财务管理，规范会计基础工作，对分散和多样化的财务核算系统进行整合，促进高校健康发展。

### (二) 结合实际业务和自身特点

财务管理信息化平台建设必须基于高校的实际业务和自身特点出发，从学校整体高度全盘考虑，制定财务管理信息化总体规划，根据各个模块的轻重缓急逐步开展业务，解决财务资金的压力，也可以为后面的系统模块的建设提供经验指导。在财务管理信息化建设过程中，各部门的管理者需要高度重视，不能三天打鱼两天晒网，信息化建设不是一项短期任务，必须做好打持久战的准备，各部门应安排专职人员参与平台建设，保证各部门的数据采集的一致性、准确性、及时性，促进全员参与财务管理信息化平台建设。

### (三) 采用大数据和互联网平台

在互联网极速发展的今天，5G 时代已经悄然到来，随着大数据的深度发展与应用，传统的经济模式被逐步取代，这意味高校的竞争环境也发生了明显变化，在大数据时代下，高校应正视自身所处的位置，结合实际发展需要，突破自身管理壁垒，从而实现财务数据信息化。财务数据的本身其实就是记录高校从办学以来的财务活动状况，是财务管理的重要支撑，因此高校财务管理信息化建设其本质就是为了提高财务数据的安全性、规范性、有效性。借助大数据与互联网平台，可以规避传统纸质数据遗失、不易查找统计数据等弊端，从而推动财务管理信息化建设，提高财务管理水平。

### (四) 充分利用现有资源升级改造

高校财务管理信息化建设需要充分利用现有资源进行整合升级，目前已

经建立的部分财务子系统，如果可以满足现有的财务工作建议不替换。虽然采用新的系统，对现有的财务管理有一定的帮助，但是软件系统的更换及服务费用是非常昂贵的，而高校本身的资金很有限。故此新系统的平台搭建应从全局出发，充分考虑旧系统的兼容性，建立统一的信息化标准，打破数据壁垒，实现数据对接。对一些已经无法使用的系统，也必须将数据信息转移到新的系统，确保底层数据的原始性，避免出现数据断层。

# 第三节 高校财务信息化建设策略

## 一、确定高校财务管理的基本内容与流程

### （一）高校财务管理的基本内容

简单地说，高校财务管理是处理和组织高校各种财务收支活动及总体经济关系的一种经济管理工作。根据高校财务管理的相关规章制度并在高校财务各项有关事业发展的战略引导下，在高校财务管理范围内关于资金的使用和组织以及结算等资金使用效益评价的总称。

高等学校加强财务管理的任务是努力提高教育经费投资的经济效益和社会效益。科学地、有效地安排和使用人力、物力、财力，以最小的消耗取得最大的人才培养的社会效益。

高等学校的财务管理的内容就是对高校资金进行计划管理，对高校财产物资进行管理，对教育事业经费进行管理，对基本建设资金进行管理，对预算外资金进行管理以及财务决算管理等。

1. 计划管理

高校的财务部门、财务管理干部，不仅仅只限于根据上级教育行政部门核拨的"综合定额加专项补助"的教育经费年度安排了事。而要根据教育行政部门下达的培养目标，招生计划、学校规模统筹安排，实现综合财务计划。只有综合财务计划才能实现综合管理。没有科学的计划谈不上管理。制订计划之前要对院校发展历史、现状有全面了解和掌握，对发展前景要有科学的论证。只有这样才能保证计划的科学性、指导性、实践性，才能使学校工作取得预期的效果。

**2. 教育事业费的管理**

教育事业费是由"综合定额"和"专项补助"的经费两部分组成。"综合定额"是高等院校财务管理的核心。"专项补助"是高校教育经费的重要组成部分。要实行系统工程，进行目标管理。

**3. "专项补助"经费的财务管理**

"专项补助"经费是高等学校经费的重要组成部分。"专项补助"经费包括专项设备费（教学设备费、一般设备费）、专项维修费、科研费、研究生导师补助费、外籍专家费、离休退休人员生活费、差额补助费等。

教学设备费的使用，要根据学校的培养目标、科、系设置，科研方向，全面规划，实行系统工程，进行科学管理。教学学设备费的运用，既要保证重点，又要照顾一般，加强基础逐步提高的原则。紧紧围绕培养目标，以增加开课率和提高教学质量为目的。要选择那些投入少，见效快，收益大的实验项目和实验室进行重点建设。

**4. 预算外资金的财务管理**

高等学校的科学研究、社会服务功能的发挥使高校具有一定的创收能力，这是高校预算外资金的主要来源。在国家相关政策的指导下，高校可将存留资金进行集中核算管理。这项工作政策性很强，需要处理好国家、学校和个人之间的三者关系。

**5. 基本建设资金的财务管理**

基本建设是办好学校的最根本的条件，是学校发展的重要组成部分。高校基本建设资金，来源于国家预算拨款、地方投资和自筹资金。基本建设投资额度确定之后，应当贯彻以教学为主，教学科研相结合的原则，集中力量，搞好重要项目使其尽快建成交付使用，避免财力、物力、人力的分散、充分发挥投资效益。由于学校规模和条件，有的学校基本建设资金由基建部门单独管理，有的由财务部门管理，无论属于哪种管理形式，作为财务职能部门都要实行监督和检查。

**6. 财务决算管理**

财务决算是年终必须编制的重要财务活动，是高等学校经济活动在财务在财务管理上的集中表现。通过财务决算检查年度财务工作在贯彻党和国家方针、政策、路线的成绩、经验、教训。不但让财务部门人员知道财务决算说明和表报，还要通过决算总结经验教训，通过总结经验教训改进工作。在向上级主管部门报告前，首先向学校党政领导汇报工作，积极主动地征得党委和行政领导的支持和领导。要实现财务公开，定期向领导汇报资金运用情况和向各部门通报情况改进工作。实践使我们认识到，高等学校的财务管理，在工作中遇到的大量的问题缺乏理论指导，另一方面对当前的商品经济和信息时代缺乏足够的认识。随着高等教育事业的发展和深化改革，高校财务管理必须向科学化发展。

### （二）高校财务管理的基本流程

高校财务管理流程中都包含着财务管理的各个环节，然而每个财务管理环节业务都有着很大的不同，所以财务管理各流程中信息的互通对构建财务流程有至关重要的作用。通过网络信息技术等手段，实现财务会计流程与各个单位业务相互融合，实现财务业务协调的运作、信息资源的共享，以及实现财务管理信息化和一体化。想要使财务业务流程更加合理就要大力提高信息一体化程度。在高校财务各项事业的进行中提供一个财务信息公共信息平台可以对高校各项经济活动进行有效监控。其中主要包括以下几点：

#### 1. 资金计划流程

资金流程的主要内容有资金预测、资金需求、资金下拨步骤等，它是资金管理的中心内容。资金计划流程不仅可以掌握财务管理部门的资金流向，还可以平衡资金需求，是降低不必要资金流动的关键。

#### 2. 资金调配流程

分配管理财务各项收支账户余额是资金调配流程核心的内容，资金调配流程主要道路是集中归集财务核心总账户的资金，最终实现保持分账户以及子账户的零余额。因为国家对高校银行账户的管理非常规范，并且使用国库零余额账户来管理高校财政资金。所以，资金调配流程需要按照非常严格的规章执行。

#### 3. 内部结算流程

通过资金管理系统的处理才能实现完成高校内部的所有交易，资金是在财务内部账户之间的而不需要实际调拨资金。内部结算流程主要是由任何交易一方提出需求然后到资金结算中心进行需求认证，再然后有相关系统自动生成资金划转单，最后自动调整相互之间对方的账户余额，进而实现核算系统并生成记账凭证。

4. 外部结算流程

外部结算流程包括了付款流程和收款流程，它是高校外账户的资金流动过程以及内部账户的资金流动过程。它的过程是要经过由二级单位发起收款付款的流程，再有根据财务相关规定进行审核，而后对外资金流转是从资金结算中心进行处理，最终实现自动生成记账凭证相关数据上传到总账系统。

## 二、高校财务管理系统构建思路

高校财务管理业务架构主要包括优化各个高校的财务业务流程。首先，各高校要在当今这个大环境下对高校财务管理进行调研并快速确定目标，其次，根据对方的需求制定合理的体系，最后，结合自身实际情况制定出符合各高校自身发展需求的业务结构。当前，在财务活动基础上建立的财务关系主要包括与政府相关部门的关系和与高校内部各项事业有关部门的关系以及与高校科研管理教学管理等关系。高校的财务活动的内容主要包括经营性收入和高校教育学费的收入以及国家财政拨款的收入等方面，还有科研经费的支出和教学经费的支出以及后勤部门和行政部门各项经费的支出等。

高校财务相关部门实现标准化管理才可以建立健全高校财务管理系统，加强连接高校各个部门之间的信息，提高高校财务管理工作的协调性。从高校整体事业共同发展的大局出发，不仅需要提升高校财务管理的监管力度而且还需要提升高校财务管理质量，才能使得高校各项事业全面健康有序地发展。

结合财务管理的几个方面，从高校整体建设角度出发设计出一个相对完善的财务管理信息系统，它的具体的业务功能如下图4-1所示，它的主要结构由以下六个财务系统构建，他们分别是财务决策支持系统，财务科目分类系统，财务处理系统，财务综合查询系统，财务会计档案系统，财务报表编制系统等。

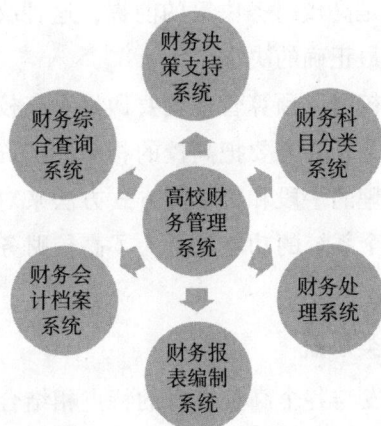

**图 4-1　高校财务管理系统**

## （一）财务决策支持系统

在信息化时代的影响下，高校财务管理信息化的建设，加强建设财务决策支持系统，既可以大力扩展高校现有的功能，而且还能加快处理每天财务各项业务的速度，进一步加强实现高校财务各项事业等功能，其主要功能包括建立健全财务智能型决策系统和分析与预测财务模式以及分析资金流量模式等相关财务功能系统。如下图 4-2 所示。

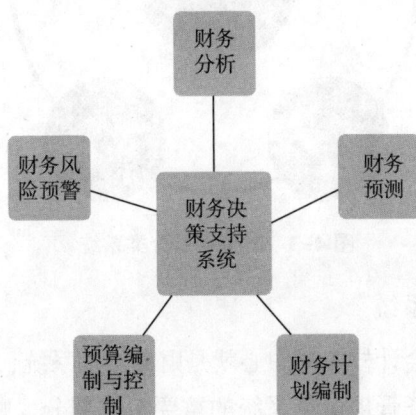

**图 4-2　高校财务决策系统**

依据高校财务管理的分析与预测信息进而对高校财务各项业务进行准确预测。利用规定的模型对高校以后各项财务支出与收入做出相应预算。财务决策支持系统这项功能是高校财务决策的前提，这种决策是为了在选择高校各种方案的过程中做出最正确的决定。

要想科学地实行高校财务预算管理就要做好对高校财务计划进行合理的编制。但是实现高校财务预算需要把高校的相关经济资源与高校管理目标有效地结合起来，运用合理的手段和科学的方式方法来对整个年度内的收支进行合理的预测。当然这个系统的功能就是为了高校财务各项事业的收入支出控制在预算的范围之间。

（二）财务科目分类系统

坚持一切从实际出发与各个高校自身的特点相结合，按各类设置五个方面的体系结构，其类别分别是高校净资产类、高校资产类和高校收入以及支出类以及高校负债类。如下图4-3所示。

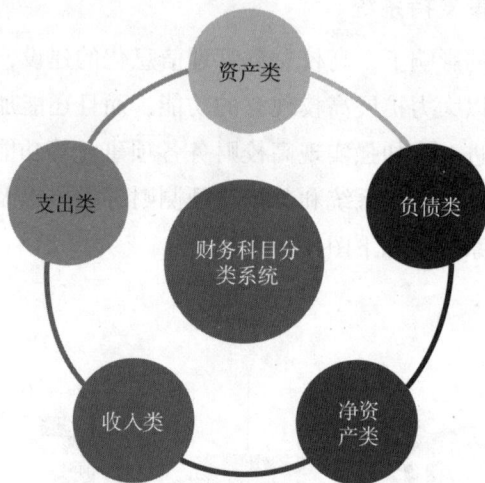

图4-3　财务科目分类系统

（三）财务处理系统

高校财务管理的会计核算的中心就是财务处理系统，其又称为总账系统。账务处理子系统是财务管理信息系统的重要组成部分，财务处理的功能是具有相对完整的会计核算。高校财务的其余各项业务系统需要输入财务系统的相关数据来进行高校财务各项经济活动的核算。还可以把高校财务各项经济活动处理结果汇总生成凭证输入到高校的账务系统中统一进行处理。

（四）财务报表编制系统

高校的财务报表不仅相对来说非常严格而且还具有一定的规范性，不仅是生成还是管理财务报表都是高校财务管理最重要的环节。其高校财务报表种类如下图4-4所示。

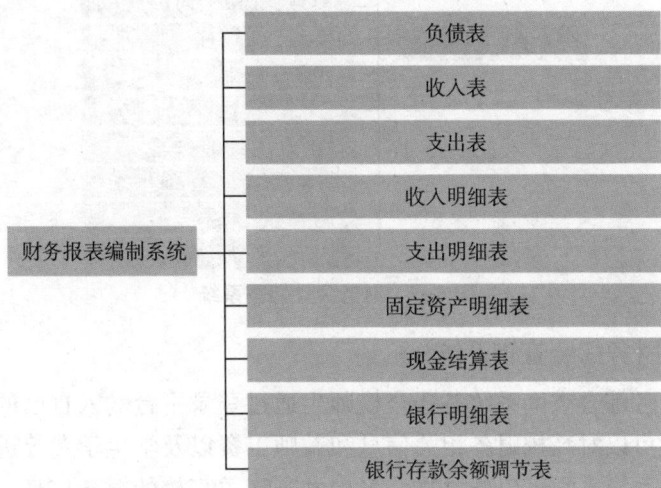

图 4-4　财务报表编制系统

（五）财务会计档案系统

财务会计档案也就是一些会计核算专业资料，例如，财务会计报告和会计账簿以及会计凭证等。财务会计档案不仅可以记录一些历史资料还可以展现有关各项经济业务证据。财务会计档案不仅是国家财务档案中最主要内容，财务会计档案成为各单位有关经济活动资料中最主要组成部分，财务会计档案反应并记录相关单位各项经济的收支。查询会计档案不仅能得到各项相关经济业务收支的详细情况，查询会计档案还可以对一个单位各项经济业务的收支起到监视作用，在会计资料中必须防止故意造假坚持实事求是的原则。会计档案还可以为各个职能单位以及职能部门提供经济资料的详情，在一定程度上为单位有关财务活动制定政策提供依据。会计档案不仅为高校的财务管理提供科学管理基础，它的功能还有科学的应用以及大量的储存，主要的内容有会计凭证等，如下图4-5所示，所以，良好的管理会计档案对各项经济事业的发展与监督具有深远影响。

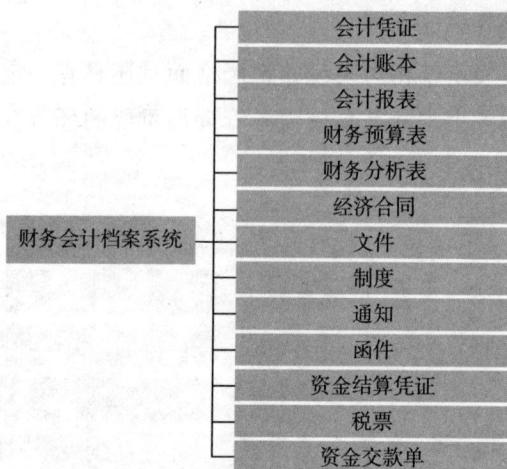

**图 4-5 财务会计档案系统**

## （六）财务综合查询系统

高校财务综合查询系统是让全校师生通过登录平台输入自己的相关信息以及密码就可以对高校财务相关信息和教师工资以及学生学费等进行查询而开发的财务系统，它可以通过这一平台发布有关高校的财务信息。财务综合查询系统通过连接高校各项有关财务业务的数据库进而把所有线管财务信息上传到这个平台，不仅使得财务管理者可以随时监督事实财务情况还可以让全校师生进行相关财务信息的查询，还可以通过指纹或密码以及手机认证等方式手段提高财务信息综合查询系统的安全性。如下图 4-6 所示。

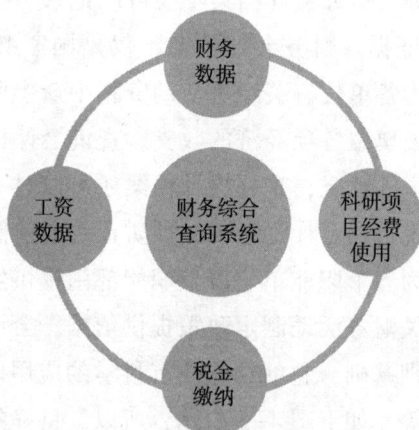

**图 4-6 财务综合查询系统**

# 第五章 高校财务管理平台建设研究

为了保证高校能长期发展，做好财务管理工作是十分有必要的，尤其是在当今的信息化时代，高校财务人员应该考虑如何将信息技术与财务管理有效地结合在一起，以提高财务管理效率，从而使高校避免出现债台高筑的现象。要做好财务管理信息化，必须先建设相关的平台，各职能部门在此平台上配合财务部门，使高校所有的财务管理活动都在同一个信息系统上。但财务管理信息化平台的建设和具体落实，并不是一帆风顺的，总是会出现一些问题，相关人员务必要加强相关研究，以找到解决措施，做出具体的落实规划。

## 第一节 高校财务管理信息化平台概述

随着信息革命的兴起，尤其是近年来计算机技术的飞速发展，我国迅速掀起了从工业社会向信息化社会迈进的浪潮，各行各业也发生了巨变，信息化建设引起了全社会的关注，高校也不例外，纷纷开展了信息化建设。计算机技术的应用和会计电算化的实现，各类不同的会计和财务管理软件的出现，极大地提高了高校财务管理的效率，降低了高校财务结算的差错率，提升了高校资金的使用效率，为我国的高等教育事业的建设发展做出了积极的贡献。但是，随着信息技术的进一步发展，社会环境和高等教育环境都在发生着变化，高校对人才的管理更加具体，学术竞争对学校资金的使用要求也更趋于多样化，现有的一些会计软件或者财务管理软件，已经开始不能满足相关使用需求，如高校的财务管理信息需要与学校的各职能部门，如教务处、学生处、人事处、后勤处等进行业务融合对接，组建成一套完整的信息化体系，为学校的决策者提供及时、准确的相关信息，确保决策的时效性和正确性，让高校在激烈的竞争中保持优势，基于这一需求，高校建设财务信息化平台势在必行，这也是未来发展趋势，具有重要意义。

## 一、高校财务信息化平台建设的意义

计算机技术的应用对人类文明的发展起到了极大的促进作用，让我们的管理模式发生了巨大的变化，体现在财务管理上就是管理方式的信息化发展。会计作为财务管理的基础，会计电算化的发展为财务管理信息化的实现打下了坚实的基础。最早在20世纪60年代，美国的相关学者就已经开始意识到计算机技术将会对财务管理模式产生重大影响，并着手研究在计算机技术发展背景下会计模式的改革，开展了一系列的实践活动，这也是近代会计基础理论和会计模式创新的起点。随着时代的发展，时至今日，国内外关于财务信息系统的研究成果非常多，对于现代财务信息管理系统起到了重要的参考作用，也为企业的财务管理工作提供了有效支持。美国作为世界上最发达的资本主义国家之一，其高校的财务信息化也走在了世界的前列，早在1996年，美国的佛罗里达大学就开始在校园内推行"一卡通"系统，借助计算机进行财务管理，这一模式后来也被推广到欧洲和亚洲的一些高校，到今天，几乎全球范围内的所有高校都在运行着自己的校园"一卡通"财务管理系统，在随后的财务信息管理中，在财务预算、资金管理方面不断完善相关功能，目前信息化的财务管理系统在高校的管理中正在并将持续发挥着无可替代的作用。

高校建设财务信息化管理平台是高校发展过程中绕不开的一项工作，当今时代是信息高度发达的时代，作为引领时代发展潮流的高校，做好财务信息管理平台建设工作，提升高校决策水平，提高管理效率，保持竞争优势具有十分重要的意义，建设好财务信息化平台也是做好财务管理工作的重要条件。

进入21世纪，社会的发展让高校的管理工作变得更加复杂，对财务管理水平的要求也在不断提高，信息技术的飞速发展，要求财务管理信息必须准确、及时，大量的财务管理数据让传统的财务管理模式难以适应当前的管理要求，建设高校财务信息平台可以非常容易地实现对财务信息的管理，帮助高校更加容易地实现财务管理目标，提升高校的管理效率。

高校建设财务信息平台，可以极大地为高校的各项发展决策提供有效、准确、及时的信息支持，方便高校决策者随时调用财务数据，从而更加方便地实现对高校资源的优化配置，促进高校的进一步发展。

## 二、高校财务信息化平台建设存在的问题

### (一) 管理者不重视财务信息化平台建设工作

长期以来，高校的各项工作都以教学、科研为中心，所有的工作也都是围绕这两项工作开展的，领导层对教辅工作的重视程度比较欠缺，财务管理也不例外，许多高校领导普遍比较看重财务收支、核算和经费分配，而对财务的一些具体的管理工作和资源的调配缺乏重视，不能正确地认识到财务管理在高校竞争中的重要作用，忽略了财务管理工作在高校管理工作中的重要作用，导致财务数据不透明，相关利益方对财务信息的需求得不到满足，高校在财务管理方面处于投入不足、管理方式落伍、管理效率低下的尴尬局面。

### (二) 财务信息化平台建设专业人才匮乏

高校的财务管理工作是一项复杂的系统工程，对相关管理人员的专业素质要求非常高，目前我国部分高校的财务管理人员的专业素养还是有一定的提升空间的，尤其是部分高校财务管理人员的服务意识较为低下，在工作过程中，并没有认识到自身专业的不足，导致国家相关部门每年组织的针对高校财务管理人员的专业培训收效甚微。加上目前许多高校对财务管理工作的重视程度不够，资金投入力度较小，从而也很难引进高层次的专业化人才，造成当前高校财务管理工作缺少高水平的人才，甚至部分高校出现了财务管理人员断层的局面，有关数据显示，我国目前高校财务管理人员中，35岁以下的占比不足11%，整体队伍年龄偏大，[1] 在一定程度上影响了高校财务信息化平台的建设工作。

### (三) 高校财务信息化平台建设过度依赖软件供应商

目前我国的大部分高校，在建设财务信息化平台的时候，都是采用购买软件的方式去快速推进，然后再对现有的财务人员进行操作培训，在整个平台建设过程中，对于软件供应商的依赖性较大。在早期的高校财务管理系统中，软件功能较为单一，主要包括简单的账务核算功能，系统的使用维护也相对简单，对现有人员进行简单的培训，基本可以满足学校日常财务管理需

---

① 张延霞. 高校财务信息化平台建设研究 [J]. 老字号品牌营销, 2022 (09): 106-108.

求，但是随着时代的发展，学校财务管理功能不断扩展，如添加了学费、工资等功能，系统功能越来越复杂，仅仅通过简单的岗位培训，难以适应学校财务管理需求。另外，依靠软件进行系统维护和功能扩展，带来的另一个问题就是系统维护成本过高，导致学校推进财务信息平台建设动力不强，过度依赖软件供应商，导致学校内部团队缺乏技术积累，遇到问题只能寻求软件供应商解决，严重制约着高校财务信息化平台的建设。

（四）高校内部管理系统缺乏横向沟通

建设高校财务信息平台受到多重因素的影响，一方面，高校的财务管理要严格遵守国家的相关法律法规，另一方面，国家针对高校财务管理工作还有一系列的规范性文件，高校的财务管理工作要求公开透明的同时也要注意保密工作，因此在建设高校财务信息平台时，对于数据的处理就要格外注意，数据传输过程中就存在一定的安全风险。学校的财务管理工作并不是一项独立的工作，牵涉学校各个部门的工作，如教务处、学生处等，这些职能部门在开展工作时，也都建立了自己的管理系统，因此在建设高校财务信息平台时，也要注意与其他管理平台的兼容性，促进各职能部门以及财务管理部门之间的信息畅达，在进行各系统之间的数据转换时也要注意数据的安全性，提升高校财务管理效率，促进高校的进一步发展。

（五）高校财务管理中存在一定的安全隐患

财务安全包含着财务过程的安全，即保证财务管理资料的安全和资金的安全。目前我国的大部分高校都借助计算机财务管理软件完成相关的财务管理工作，鉴于当前办公对计算机的依赖，加上各高校安保措施的差异，以及相关人员计算机操作水平的差异和复杂的网络环境，高校的财务管理中，安全隐患不可忽视。高校财务信息管理平台的建设中的安全隐患，主要体现在数据的传输转换过程，如在数据传输时，采用移动存储介质，造成财务数据的保密性难以保证，并且计算机有遭受病毒感染的风险，部分高校为了避免这一情况的发生，用于财务处理的计算机，采取局域互联的方式进行数据交换，这样在一定程度上提升了数据的安全性，但也造成了计算机防病毒软件无法及时更新，难以应对新型的计算机病毒，对财务安全造成一定威胁。

## 三、高校财务信息化平台建设的策略

### (一) 提高认识，成立专门的财务信息化平台建设领导小组

没有学校的支持，要想建成功能完善、运行可靠的高校财务信息化平台是不可能的。要想建设好高校财务信息化平台，是一项庞大的，需要长期坚持的系统工程，这一项目的建设周期长，涉及部门多，需要学校层面给予大量的支持、配合和协调，并不是仅仅依靠财务处就能完成的，因此高校应该成立专门的财务信息化平台建设领导小组，该小组的组长应该由校级主要领导来担任，将学校的财务信息化平台建设工作提升到学校主要工作层面，提升对该项工作的重视程度。由专业的财务人员来担任领导小组的副组长，组长抓全局，副组长抓专业，组长负责项目实施的资源调配和部门沟通，副组长负责专业技术攻关，最终形成高效率的财务信息平台建设领导团队，确保高校财务信息平台建设工作的全程化顺利推进。

### (二) 加强业务培训，提高财务人员的服务意识和专业技能

高校的财务管理工作要严格遵守相关法律法规，即便是建成财务信息平台，也要严格按照《政府会计制度》来开展财务管理工作，新的管理模式和随着时代发展不断变化的管理内容，要求高校相关人员必须不断提升自身的专业水平和管理能力，因此高校应该加强财务部门相关工作人员的培训工作，一方面提升财务管理人员的财务专业能力，另一方面要着重培训他们的计算机操作技能，使其转换服务意识，适应新的财务管理理念，摆脱传统的、落后的财务管理理念的限制，提升数字化校园环境下的管理认知水平。另外，财务信息平台的建设并不是用计算机来取代专门的财务管理人员，而是要提升财务管理团队的整体战斗力，为高校的发展更好地发挥促进作用。

### (三) 降低依赖性，提升信息系统使用效益

目前我国的许多高校，在建设财务信息平台时，第一个想法就是购买相关的软件和平台，快速完成相关工作，这一思路在高校的其他工作中也有所体现，在特定时期，也确实为高校的各项建设工作起到了重要的推进作用，但是建设财务信息平台，不应该总想着找"外援"，软件供应商在高校财务信息平台建设中的重要作用不可忽视，但不应该让软件供应商成为高校

财务信息化平台建设的主角，高校应该坚持独立自主，这样既可以降低成本，避免风险，也有利于推进高校财务管理工作的可持续发展。在财务信息平台的建设过程中，财务人员是关键，无论多么完美的系统，都应该是为人服务的，也需要专业的人去操作，高校财务人员应该主动积极地向软件供应企业的技术人员学习，搞清楚相关功能的作用，熟练掌握系统操作方法，提高操作的速度和准确率，并能发现系统中存在的不足甚至漏洞，让高校自身具备对系统进行维护和管理的能力，提升信息系统的使用效率。

（四）完善管理制度，畅通部门管理沟通

高校的管理工作涉及方方面面，其中财务管理工作更是高校管理工作的重中之重，高校财务管理水平的高低，对高校的发展的影响是十分重大的，甚至直接影响高校的生存，但是高校的财务管理工作并不是一项独立的工作，其与其他职能部门的管理工作存在千丝万缕的联系，因此高校若想在决策时获得准确有效的财务数据，就应该建立以财务部门为核心的数据交换中心，通过财务部门，借助财务信息平台，将学校的教务处、学生处、后勤处、人事处等各职能部门紧密联系起来，畅通各部门之间的信息沟通，实现高校内部各部门之间的数据资源共享，促进学校各部门之间的紧密合作。此外，还应该考虑学校的长远发展，在财务信息平台预留其他数据接口，在新的部门出现时，能够快速接入财务信息管理平台，促进学校的进一步发展，提升学校竞争力。

（五）制定数据交换中心

"设计的安全解决方案高校财务信息平台建设中重要的问题就是安全问题"①，没有安全一切等于零，建设安全的高校财务信息平台，一方面要提升相关人员的安全意识和操作水平，另一方面也要从系统设计层面杜绝一些安全隐患，如可以借助加密等信息技术手段，来保障数据传输和转换过程中的安全；采用分级权限的模式，对系统角色进行权限设定，不同层级的角色设定不同的权限，确保财务信息的安全；及时做好数据备份，尤其是一些重要的数据，防止系统故障造成的财务数据丢失，造成高校财务管理瘫痪的尴尬局面；最后还应该对计算机和信息平台进行定期检测，并安装专业的杀毒软

---

① 张延霞．高校财务信息化平台建设研究［J］．老字号品牌营销，2022（09）：106-108.

件，严格控制应用安装等，防止财务信息平台感染计算机病毒，造成安全隐患，确保系统运行的稳定性和安全性等。在确保财务信息平台安全工作上，多一重防护其安全性就会提升一个等级，多种手段并用，可以从根本上杜绝漏洞的存在，防范潜在的威胁，确保高校财务信息平台的安全运行。

## 四、高校财务管理信息化平台构建程序

高校财务信息经过集成化系统就形成了财务管理信息化系统。学校相关管理工作都要与财务挂钩，比如教学科研、资产管理、人事管理、学生工作、安全保障、建基维修、后勤服务等，构建财务管理信息化平台的主要目的就是减少校园财务信息管理平台与其他管理平台在数据传输、信息共享的时候出现的问题，使得各个系统的数据都可以实现高效传送，与此同时也能够确保信息在校园内部所有组织具有一致性，这样就能够提升财务管理的水平和效率。

财务管理信息化系统平台的创立主要包括了以下两个部分：首先是创建出一个中央数据库，这个数据库包含了整个学校内部管控的所有信息材料。为了保证数据的安全，目前这个平台只能支持数据材料在中央数据库进行输送共享，而各个单体系统无法进行输送分享，各部门需要其他部门的某些数据的时候，就可以从这个中央数据库内调取信息。其次是创建系统平台的数据交换职能，通过一个数据交换装置对中央数据库及各个单体系统进行连接，能够支持中央数据库及单体系统进行数据交换、数据输送等功能。

财务管理信息化平台构建的步骤应遵循以下程序：

（1）剖析财务管理信息化平台需求形势。构建财务管理信息化需要投入大量的人力物力与财力，这就需要我们在前期进行考察，力求开发工作有的放矢，考察需求主要包括：开发系统平台的目标及必要性、开发的要求与理论指导点、整个系统平台所需要配备的职能介绍系统的主要组成部分以及校园内部网络硬件配备、技术人员的配备等。当做好这一系列的工作之后才能够保持系统的成功构建，以防范产生不必要的损失。

（2）规划系统所需要配置的职能模块。这是构建系统平台的核心举措。高校的财务管理活动需要配备各项职能，其参照的就是多项系统职能模块。一般情况高校财务管理信息系统需要包含以下职能条件：薪资管理方面、资

产管控方面、预算管理方面、会计核算方面、资金支付方面、财务管控方面、学生收款平台、数据统筹方面和资源管理配置等。以上的这些具体职能需要和学校自身的实际相互结合来确定所需的平台职能。

（3）规划并创立中央数据系统。财务管理信息化平台内的各个单元化系统之间的串联及资源共享需要借助中央数据系统的能力。这个中央数据库覆盖了各个单元化系统，例如薪资信息管理库、资产管控库、财政管理库、学生收款平台资料库、数据统筹资料库、资源管理配置库等相关数据库，当中央数据库建立完成和相关职能数据装入中央数据库后，将财务管理信息化系统与其他各相关职能系统对接，完成平台的搭建。

（4）对构建的财务管理信息化平台进行日常监测并做好定时维护。当系统平台构建完成在投入实际运行之前要求内部做好平台测试，在这个测试过程中需要一直观察平台运行状态，发现整个平台的漏洞并找到解决方法加以改正。在平台测试结束后再投入使用，平时还需要确定专业的系统平台管理责任人对整个系统平台的运行实施日常监测与调试维护。

高校财务信息化平台的建设是一项复杂的系统工程，其建设工程周期较长，建设过程中涉及学校的各项工作，甚至会与高校现行的部分制度和管理模式存在一定的冲突，建设成高校财务信息化平台，并不是仅靠花钱买设备、买软件就实现的，需要高校付出大量的努力和实行大量的改革工作，高校财务信息化平台的建设过程，其实也是高校不断完善自身的机制，进行发展革新，不断自我进化革新的过程，是提升高校竞争力的重要途径之一。

# 第二节　高校财务信息化管理平台功能设计

## 一、高校财务管理信息化平台的构建目标

在对财务管理信息化系统进行功能设计和实施之前，财务管理者必须从学校发展建设的全局出发，综合考虑校园信息化建设的整体规划和财务实际业务需要，组织财务人员、学校技术人员等对财务管理信息化的建设进行实地考察研究，明确信息化建设的目标和内容。具体的考察方式可结合本校调研、其他相关院校调研以及对财务管理信息化软件行业的市场调研共同进

行，最终形成考察报告。

前期的考察调研是确定财务信息化建设目标和整体规划的关键阶段，因此必须由学校领导牵头，协调财务、学生、教务等相关部门负责人进行调研。在对财务管理信息化建设目标进行实地考察时应当着重注意以下几点。

（1）考察财务现有的财务业务系统、对已有的财务业务系统具备的业务功能和流程进行界定，通过原型测试等，考察其是否能很好地满足当前业务需要，是否需要进行系统升级或者进行重新设计。

（2）重点对财务部门的业务现状进行分析，考察财务拟进行信息化改造的业务，分析其进行是否具备在当前环境下进行信息化改造的管理和技术条件，改造后是否能对财务工作效果形成提升，从而决定是否对其进行改造。

（3）考察财务系统需要进行集成的相关业务部门系统，由于学校各部门信息化水平的多样性和层次差异，因此必须对需要集成的各部门系统进行考察，着重研究集成的技术可行性、集成后的业务连贯性，此外还必须考虑集成的成本和系统风险。

通过前期的综合考察调研，高校财务管理信息化平台建设的目标主要分为三部分。一是财务管理信息化构建的基础，包括财务管理信息化标准的编制、信息共享平台的搭建、财务信息发布门户平台。二是财务信息化系统与财务业务相关部门系统之间的集成，主要包括了教务处、学生处、科技处等学校众多相关部门的业务系统间的数据融合。三是财务综合业务子系统，主要包括了需要进行信息化升级或设计的预算管理系统、无现金报账系统、资金集中管理系统等各业务子系统。

## 二、高校财务管理信息化平台的设计原则

高校财务管理信息化平台功能的设计应该遵循以下原则。

（1）先进性原则：系统的设计必须选择业界成熟且先进的信息技术作为系统的架构，代表先进技术的发展方向和趋势。

（2）开放性原则：系统设计必须坚持各信息系统的高度开放性，包括与现有的财务系统软件以及其他业务部门的系统。

（3）可扩展原则：系统功能的设计必须使系统所确定的软硬件配置在升级、扩展和移植方面应具有良好的性能。

（4）稳定性原则：系统功能的设计必须以保证学校业务的平稳正常运行为首要目标。

（5）易操作及实用性原则：系统功能的设计应坚持以实用性为基本原则，具备简单、易操作的优点。

## 三、高校财务管理信息化平台建设标准制定

### （一）财务信息化标准的目标分解

财务信息标准的目标分解是指按照目标达成的各个步骤，对各业务部门的数据标准进行调研，按照实施内容对目标责任部门及输出成果进行分解，从而形成财务信息标准目标分解图。

信息化标准的实施分为三个步骤，前期是调研学校结构、人员等主要信息及相关职能机构的编码，形成编码初稿，然后由项目领导小组组织确认标准的编码规则，最后由系统集成商执行标准的系统初始化工作。

### （二）财务信息标准的功能设计

财务信息标准的设计是实现学校信息资源共享和信息系统得到协同发展的基础，高校财务管理信息化的标准包括学校财务、教务、学生各部门的标准定义，加上国家、教育部、财务行业的标准，最终形成学校的财务信息标准规范，所有的数据交换将依赖于这个标准，标准化实施的内容主要包括：（1）数据采集——基于高校财务及相关数据分类汇总的标准化设计；（2）数据汇总——基于高校财务业务流程的标准化设计；（3）数据反映——基于高校财务会计流程和账务处理的标准化设计；（4）数据接口——基于国家统一标准和会计行业规范的数据接口，实现内嵌式 XBRL 数据输出。

### （三）财务信息标准的制定要求

（1）对于需要接入财务信息平台的系统，信息编码需统一，在管理制度上进行约束；无须接入财务信息平台的，其系统可暂不更新编码标准；对于新建业务系统，需参照管理规范进行编码制定。

（2）财务信息平台数据源于各个业务部门，在标准制定、维护上存在缺陷，应形成管理制度和规范，即：谁产生，谁维护，学校通过技术手段形成共享。

（3）对于组织机构代码、教职工工号、学生学号编码、资产编码等存在

多头管理的情况，建议由某一部门维护，共享平台从该系统中抽取数据进而维护标准；

## 四、高校财务管理信息化平台的目标分解与功能设计

通过对财务管理信息化进行的总体构建规划，可以发现，财务管理信息化的构建需求是复杂的、多功能的、全方位的，有些需求是和日常工作密切相关的，而且是严重影响到财务工作效率的；有些则因为学校历史原因或财务政策原因，无法在当期解决，或者需要学校预先对其做出调整后再实施信息化改造，因此项目实施人员需要对信息化的构建目标进行逐一的目标需求调研和业务流程分解，进而可以对各系统进行功能设计。

对于财务基础平台的设计，要从系统构建的最底层出发，从确定信息责任方出发，结合信息化校园已提供的条件和需求进行调研和分析。

对于各业务应用系统集成方案的设计，要从财务业务链的各个学校内部环节出发，结合学校的各项规章制度和部门规范，实现对学校财务相关业务系统的效果最大化的集成与对接。

对于财务内部业务系统的设计，要从财务内部业务流程和财务应用系统间的融合出发，从满足财务人员工作需求出发，结合财务各项规章制度和内控制度进行系统化的设计和优化。

### （一）财务共享信息平台的目标分解与功能设计

#### 1. 财务共享信息平台的目标分解

财务共享信息平台构建的目标实际是搭建一个综合学校各类信息的数据库，对数据库的内容的确定，应根据财务或其他部门的业务需要来提供，财务共享信息平台的实际构建可以与校园信息化建设中数据融合相结合。

财务信息共享平台的设计责任方主要是由财务处主导，学校信息化建设中心和系统集成商提供技术支持，平台共享的信息内容是根据业务需要整合，可随时增加或者减少，由于涉及财务系统安全稳定性，因此，平台须与财务系统通过中间库融合。

#### 2. 财务共享信息平台的功能设计

数据存储：根据业务需要搜集学校相关信息，并对上传的信息按照信息化的数据标准进行分类和存储。

数据读取：根据各部门信息使用者的需求指令，调取相应的数据信息并整合输出，提供多样化的输出方式。

数据更改：只允许数据的来源方对数据信息进行修改。

数据安全：根据财务系统安全性要求，设定财务系统与共享平台间的安全措施。

## （二）财务信息发布平台的目标分解与功能设计

### 1. 财务信息发布平台的需求分解

财务信息发布平台的目标主要是为了满足财务信息公开化的需求，将学校财务需要公开公示的信息以一定的形式展现出来，调研应主要集中在对现有的财务信息发布模式的分析、设计的信息发布平台内容、须对接的财务业务子系统、责任部门等进行分解。

财务综合信息发布平台的需求应当是由财务处和系统集成商牵头，根据需要提供查询的数据内容及数据系统，将相关信息集成到一个统一的查询平台上，并完善相关查询内容。

### 2. 财务信息发布平台的功能设计

财务信息发布平台的功能设计主要为通过使用 WebPlus 高校网站群管理平台搭建高校财务处信息门户网站以及门户网站集成的财务综合信息查询平台。其功能特性如下：

（1）财务信息公开。

包括学校学费、住宿费、教材费等各种收费项目和收费标准公示表；学校近年度财务预决算信息公开。

（2）重要通知公告的发布。

提供对涉及广大师生切身利益的财务重大通知公告、财务新闻信息的公开。

（3）规章制度查询。

包括国家颁布的重大财经法规；会计行业学会制定的各项会计规范；学校财务制定的各项财务报销制度、经费管理制度等。

（4）业务流程指导。

主要指和财务日常业务相关的流程指导，如支票领用及核销流程、公积金办理流程、财务报销流程、各类学生事务流程等。

（5）相关表格下载。

财务日常业务所需的各项表格模板如科研经费预算模板、酬金发放模板、出差批准单、费用报销单、一卡通充值表、其他相关业务办理表格及申请等。

（6）综合信息查询平台，包括：工资个税查询、项目经费查询、部门经费查询、到款信息查询、学生欠费信息查询、待核销账务查询等。

（7）网上办公链接，包括：网上预约报销入口、业务咨询入口、留言管理及领导信箱等。

（三）各应用子系统的集成的目标分解与功能设计

1. 财务各应用子系统集成的需求分解

财务各应用子系统集成从结构上讲就是对学校财务、教务等各部门业务系统的集成，是财务管理信息化的核心数据内容。因此，在设计财务各应用子系统集成前，应当按照基础信息平台的各类数据项目来源，对数据对应的部门、集成系统、现有共享模式、拟实现的共享模式等逐一进行分解，形成相应的目标分解图。

在目标分解过程中应重点根据财务的实际日常业务需求来对所需要集成的系统进行调研，在保证各部门业务系统独立平稳运行的基础上，实现各系统功能、数据之间的全面、具体、客观的融合。

应用系统的集成主要是对原来的业务流程中纸质、电子数据等原始方式的数据传递进行改进，通过数据融合，提高工作效率。系统集成的内容包括财务日常事务中的集成以及与学校业务部门联系较多的一些学生学籍、资产数据等信息，涵盖了学校办公、管理、教学等各个方面，集成的方法主要通过设计的财务共享信息平台来实现。

2. 财务各应用子系统集成的功能设计

（1）财务各应用子系统集成的数据融合模式。

在财务基础信息平台下，财务处、学生处、教务处、科技处、社科处、人事处、后勤管理处、后勤服务集团、实验室建设与设备管理处、图书馆等各部门应用系统仍然独立运行，业务发生时，分别将学生基础信息、选课信息、住宿信息、考试信息、财务信息等数据输入共享信息平台数据库的指定字段，各个数据源部门对其提供数据的真实性、准确性和及时性负责。各部门通过权限设置，都可以查询、提取、分析、汇总各项数据，使得校园内各部门的信息实现同时同步地更新，从而将财务业务流程与全校的业务管理流程有机地融合在一起。

（2）财务基础信息平台的功能设计。

与资产、设备管理部门的集成，设备及固定资产的自动对账，固定资产入账、租赁；材料领用、消耗等信息自动生成财务凭证。

与教务处正方系统集成，学生编籍、留级、休学、复学、重修等入学信息、可及时进入学生收费系统；财务系统中的各项学生收缴费信息可提供给教务部门作为学籍注册依据；贫困学生可通过绿色通道免学费直接注册；学生选课、四级六级考试、计算机考试等信息可进入学生收费系统，教务处每年的学生学分信息可进入学生收费系统并自动计算学分学费。

与人事处集成，每月学校各类人员新进、离职、退休、出国、调动等人事变动信息可及时进入工资系统；岗位工资级别、绩效工资调整、公积金缴存基数及比例、养老金基数、五险一金的缴存比例及基数等可进入工资系统；工资标准调整、绩效比例核定等自动进入工资系统。

与学生处管理部门系统的集成，贫困学生的勤工助学信息可进入根据经办人的上传进入薪酬发放系统，自动计算出酬金并匹配银行卡号，同时转入学生银行卡内。学生住宿调整及分配情况可进入学生收费系统，依据设定好的住宿费标准自动计算和调整住宿费。学生奖学金、补助发放信息可进入薪酬发放系统，匹配卡号并转入银行卡号；贫困学生可通过绿色通道进入学生收费系统，减免相应费用。

与科研管理部门集成，科研项目立项、预算信息等可共享进入财务核算系统科，科研经费到款后可自动提示科研管理部门及项目负责人办理立项，项目预算设置、预算调整等；科研管理部门可通过平台查看经费使用情况，监督科研项目实施进度；项目负责人可通过系统查看项目经费使用信息、经费结余情况等。

与一卡通系统中图书馆、机房、水控等系统或部门的集成，通过统一身份认证，实现校园门禁、校园消费、图书借阅、小额自助缴费等服务，消费数据可进入财务核算管理系统自动对账入账，并于各业务部门子系统对接，提供缴费信息。

### （四）酬金发放系统的目标分解与功能设计

#### 1. 酬金发放系统的需求分析

酬金等各项收入和补助的发放是财务工作的一项重要业务，涉及面广、业务量大、利益冲突较为敏感。因此，根据高校的日常的酬金发放情况，对酬金发放系统的目标需求分解应当按照系统的服务内容、责任部门、现有工作模式进行目标分解。

薪酬发放系统的目标主要是为了满足工资、薪酬、学生各项补助等款项的自动计税、及时发放而设计的。系统的设计主要涉及人事、财务、学生、二级学院等存在发放业务的学校各部门，发放口径较多、形式多样。因此酬金系统的设计不仅提供数据融合交换功能，而且需要提供自助审核、自助发放、自助对账等服务。

#### 2. 薪酬发放系统的业务流程设计

薪酬发放系统的功能设计应当结合薪酬发放的实际业务流程来进行，通过对现有的业务流程进行重新梳理改造，设计相应的各个业务环节的系统功能。

薪酬发放系统的流程分为两种方式，一种是学校基本工资，这部分是由学校人事部门核定发放金额，财务人员审核导入系统进行发放；另一部分是学院、二级部门、单位发放的各类奖励、补助等，这部分业务由各部门的经办人通过发放客户端上传发放数据后，财务人员审核、与学校基本工资系统合并计税后，审核入账发放。

#### 3. 薪酬发放系统的功能设计

（1）以酬金凭证作为录入、修改、审核的对象，强调了凭证的概念。

（2）酬金计税在录入的保存过程由系统自动完成。

（3）审核的对象是以酬金凭证为单位，即一张凭证中所有的细目将会被一起审核，不允许逐条审核凭证细目。

（4）数据录入支持多种方式，手工录入、excel/DBF 导入、网上录入方式。

（5）联合计税功能，发放的各项酬金能与工资系统相连，能够同步工资到酬金库，用于与酬金一同计税。

（6）与银行工资发放端口相连，提供财务人员自主薪金发放和发放信息的反馈。

（7）错误信息自助核对功能，对发放错误的信息，提供错误原因，如名字不符、卡号不对等信息。

**（五）网上预约报销系统的目标分解与功能设计**

1. 网上预约报销系统的需求分析

网上预约报销系统是基于财务报销业务流程优化而设计的系统，在进行系统设计前，项目实施人员应对当前财务报销业务流程进行具体调研，根据服务内容、对应的系统、责任部门进行需求调研，确定具体系统实现模式。

财务报销是财务最基本的核算业务，因此在调研中，实施人员必须充分考虑到网络预约报销的可操作性和便利性，以提高报销效率为目标。

网上预约报销系统功能主要包含两个部分，即网上操作和财务审核入账两个部分：网上操作主要是指经办人网上填写预约信息；财务人员审核网上预约信息记账。

2. 网上预约报销业务整体流程设计

（1）报账人员在预约报账网站上做项目授权，填写报账单细目，并执行预约操作，打印预约报账单。

（2）报账人员持盖章的预约报账单，按预约时间至预约的报账地点，完成实际的报账工作。财务处前台人员，根据预约单号，生成财务凭证。

3. 网上预约报销系统功能设计

（1）项目授权。

授权他人：提供创建报销子项目、授权一次性或多次报销经办人、授权经费管理员、授权无限额经办人等。

（2）预约报账。

报账申请：提供选择业务类型、报销项目、填写报销基本信息、报销费用金额、支付信息、附件张数、扫描上传附件。

预约时间：根据报销申请自动生成报销单号，可选择预约实际报销校区、时间和窗口，可合并报销单预约。

修改预约报销单：提供修改报销单内容、重新预约时间、窗口等。

撤销报销单：删除已作废的报销单历史报销单查询：查询已入账的报销单报销结果。

(3) 财务审核入账。

通过智能凭证将预约报销的信息转为正式凭证；提供按预约单号、预约窗口、当日未处理、所有未处理等方式查询预约信息。

## (六) 网上缴费平台的目标分解与功能设计

### 1. 网上缴费平台的需求分析

对网上缴费平台主要由财务部门和系统集成商进行，通过对现有工作模式、具体业务需求、需要配合的部门或系统的考察了解，形成需求分解表。

网上缴费平台是为了解决财务前台收费形式多样化，以及缴费及时入账的问题，需要配合的部门主要包括教务、宿管等日常与财务业务密切相关的部门，通过与财务共享平台的数据融合，改进现有的缴费模式。

### 2. 网上缴费平台的业务流程设计

实施网上缴费平台要根据功能需求，对财务各项收费业务流程进行重新梳理和改造，设计新的业务流程。

业务流程分为两步，首先是教务、宿管等部门的缴费项目、缴费金额等信息经财务审核后，上传至缴费平台，并与财务核算项目等对接；其次是学生等缴费人员通过身份认证，登录财务网站进入缴费平台，选择需要缴纳的项目，并进行缴费；最后系统汇总缴费信息，与银行提供的信息对账后，根据缴费内容与财务账务核算科目或项目对接，及时入账。

### 3. 网上缴费平台的功能设计

(1) 登录窗口。

提供财务处门户网站登录入口集成。

(2) 缴费人员信息管理。

提供将学生收费管理系统中的数据导入网上缴费平台提供缴费学生身份认证功能提供绑定银行属性、缴费方式。可绑定多家学校开户银行。

(3) 费用项管理。

固定的收费项：提供由学生收费系统中收费项目直接导入。

不固定的收费项：支持各种缴费项目，提供第三方如 excel 的单独收费项的导入，提供修改收费项的功能。学生可在缴费清单明细中自由选择缴费项（如某学年学费）。

(4) 缴费方式。

支持多家银行卡、支付宝等的自助缴费，学生可自由选择支持银行扣款授权，银行实时扣款及信息反馈。

（5）银行自动对账。

提供每日银行结账后系统自动对账，返回对账日志。提供手工对账，对异常情况的处理。

（5）缴费信息查询及打印。

缴费成功后，可随时查询缴费成功信息，并打印缴费页面。

（七）预算管理系统的目标分解与功能设计

1. 预算管理系统的需求分析

预算管理系统是为满足高校的预算管理需求，开发的具有预算分配、监控、分析功能的信息管理系统。在调研过程中，项目小组应根据预算管理的流程和内容对预算管理的环节、现有工作模式，需求功能模式进行分析，明确具体的业务功能需求。

（1）预算编制阶段：预算编制对某一笔专项的经费，设计总的预算计划项目。预算编制阶段的需求主要是要摒弃原有的纸质文件及电子拷盘模式，各二级单位通过预算编制客户端编制、上传预算提交审批。

（2）预算分配阶段：预算分配阶段是根据总预算计划将资金逐层细分到每一个实际的项目。该阶段的需求主要是通过财务核算系统中会计科目与预算体系之间的融合，实现预算指标的导入功能。

（3）预算执行阶段：预算执行是指使根据预算计划使用资金。该阶段的需求是指通过会计科目与预算体系的钩稽关系设置，实现预算执行的总额控制和支出科目控制。

（4）预算考核阶段：预算考核是指对预算执行的绩效评价。该阶段的需求主要是指通过报表等手段，反馈预算金额的使用，包括分配、剩余、超支、完结等多种情况。

2. 预算管理系统的功能设计

（1）预算草案编制。

预算草案编制以各预算部门为主、以会计事件为基础、以科学量化为编制方式。预算管理系统与学校各科研、资产等其他业务系统集成，形成一个覆盖全校范围的预算草案编制体系。

预算草案的内容划分为：部门预算—主要是根据上一年度的预算的基础上进行增减变化；专项经费预算——根据项目立项要求，对申报的项目进行独立的预算。

（2）预算指标分配。

依据业务类型和会计科目之间的对应关系建立预算指标体系。利用项目可以把预算指标体系从总预算分解细化到项目预算，具备较强的操作性。

总预算：根据学校总体目标要求设置的预算。并定义总预算计划同财务账套的关系。可以按经费性质、主管领导或主管部门设置总预算。

项目管理：包括与财务关联，项目预算，项目计划实施，项目一致性检查，财务取数等功能模块。项目管理指定预算计划同财务项目的关系，并将预算计划进行分解和细分，进行项目的实施，一致性检查等。

（3）预算实施控制。

预算项目控制主要是通过与财务收支明细科目与预算指标会计科目的勾籍和对应关系进行指标控制。

预算范围的控制：记录预算科目及项目的收支过程，项目的实施过程，可按财务及项目管理的要求控制项目的使用范围，在项目类别中指定由某些科目核算。

预算金额的控制：可就某个特定的项目在项目下达时，限定其可控限额，并可设定限额浮动额度，从而可以控制项目预算执行的进度和程度。

（4）预算执行分析。

面向学校管理的预算执行需求分为若干不同层面，包括：决策层、管理层、业务层，不同层次需求的财务数据可以交叉使用。

收入预算执行分析：涵盖学校运营的所有资金来源，包括国家财政拨款、教育事业收入、社会捐赠收入、学校经营收入、其他收入等的完成情况、收入浮动原因分析，并对收入变化的趋势进行预测。

支出预算执行分析：根据预算支出的性质，主要指学校预算内外资金所有支出，包括日常公用经费支出与专项经费支出等。

（5）浏览及查询报表。

包括预算浏览，预算查询，预算分析报表，报表格式定义和系统设置等功能模块。通过这部分可以了解预算的分配和执行情况，并且能够以报表的形式反映预算的分配和执行情况。

（6）系统维护。

为了预算系统的有效管理，输入各种辅助信息，并规定各用户的权限，保证数据的安全。

## （八）无现金报销系统的目标分解与功能设计

### 1. 无现金报销系统的需求分析

无现金报账系统是为解决财务前台报销现金量巨大、简化报销流程、降低财务管理风险而开发的。从业务流程上分析从属于财务核算管理系统，其责任单位为财务处。无现金报销功能的实现，融合了财务核算系统、工资系统、银行支付端口，因此对于无现金报销系统的需求应从实现无现金报账的实际流程来分析：

财务会计在收集经办人的原始凭证，审核报销，同时采集待转卡的银行卡号，银行卡号的采集可通过现场确认或从工资系统中调取两种方式实现；审核报销后，会计打印银行资金结算受理通知单交给经办人，经办人即可离开报账大厅；财务出纳根据财务核算系统中的无现金打卡；次日对银行账户的无现金付款流水与财务账目进行对账。

### 2. 无现金报销系统的功能设计

报销制单：提供与财务核算管理系统及网上预约报销系统融合，实现网上预约、财务报销核算、无现金打卡的完整业务流。

银行支付接口：支持对多家学校开户银行支付功能，按银行账户设支出科目。

银行卡绑定：提供与工资系统集成，自动读取工资卡号，如多个卡号，提供选择；或者现场采集卡号。

打印资金结算单：财务核算系统根据报销内容自动生成报销结算单。

批量审核支付：提供当日集中审核、批量支付功能。

银行对账：提供自动与银行对账；提供手工对账，对异常情况的处理。

无现金报销查询：提供按时间、付款银行等字段查询明细。

## （九）资金集中管理系统的目标分解与功能设计

### 1. 资金集中管理系统的需求分析

资金集中管理系统是一种对学校资金的监控和运营，因此，在需求调研中，应当根据学校的资金管理模式、银行账户情况、资金划拨流程对资金集中管理系统的功能需求进行分析。

高校资金集中管理的需求主要集中在对学校下属单位的资金的管理上，通过对银行账户的集中监管，实现对学校及下属单位所有资金、资源的划转、余额监控，防范资金运营中的高风险，提高资金运作效益，加强了对学校人、财、物的统一管理，体现了集中力量办大事的原则。

2. 资金集中管理系统的功能设计

资金集中管理系统的设计主要通过设立财务资金结算中心来管理。

（1）银行账户管理。

对内：学校各内部结算单位、校办产业在资金结算中心开户、注销、冻结、结算、计息。

对外：财务开立统一学校资金结算账户、一般账户。账户开设、注销、冻结、结算、计息。

（2）资金监控。

提供现对银行账号的监控、各银行账户头寸，账户交易情况，对资金流动量、流动方向进行动态的统计汇总；提供对监控者的权限设置、财务负责人、科室负责人、业务经办人分级权限设置。

（3）银企直连接口。

接口管理：提供与银行接口的集成，统一的界面，统一的操作。

资金划拨：无须登录各开户银行的网上银行，只需在统一资金管理平台进行统一操作，完成资金调拨、转账管理、对外结算等业务。

资金查询：查询资金收付明细、资金划拨审批记录、银行账户收支等信息。查询结果可定制化打印、EXCEL 输出。

银行票据打印：可根据不同银行的票据数据需求定义票据格式，套打支票、本票、进账单、电汇单、汇票等银行票据，并实行对空白票据的有效管理。

（4）资金划拨审批管理。

根据财务业务流程提供对学校银行资金使用及划转的资金计划申报、资金划拨审批。

（5）银行对账。

提供银行提供的报盘数据导入、手工录入以及通过银企直连接口直接导入。自动对账及手工对账，提供对异常信息的处理，并自动生成余额调节表。

### (十) 财务决策分析系统的目标分解与功能设计

1. 财务决策分析系统的需求分析

财务决策分析支持系统设计的目标为了满足学校在管理和决策过程中面临的日益复杂、多样、不断变化的财务和综合信息需求。因此在系统实施的调研过程中，应有针对性的调研学校业务层、管理层、决策层等各个层次的财务信息需求，分析能满足学校财务、科研、教务、学生等各个部门的需求。

在学校各部门的财务信息的需求中，有部分是历年统计分析中相对固定化的分析需求，另外还存在着各类不确定和随机的财务信息需求，因此在调研中也必须对这两部分需求进行分析。

目前高校的决策支持分为两部分。一方面是财务分析服务，内容包括了根据财务信息化系统的各项数据进行统计分析的教职工收入、科研经费等对财务数据的财务统计分析服务，这部分服务是在根据学校日常管理运行中领导和部门的需求制定的定制化服务，属于经常性的、必需的；另一方面包括为学校筹资、投资等需要提供的对各类项目或方案的定制化的预测分析支持，这部分服务主要是非结构化的、不确定的财务决策需求。

2. 财务决策分析系统的功能设计

(1) 财务分析功能。

主要是根据财务报表及财务报告进行分析。包括：教职工收入、学生收缴费、科研经费使用、固定资产管理、部门经费分析、往来分析、项目分析等。

(2) 财务决策功能。

学校对外投资：投资可行性分析、资金回报等偿债能力分析：短期偿债能力、长期偿债能力

学校综合财务状况：综合实力、运行绩效、发展潜力、资金运营状况等

(3) 决策模型设计。

提供财务预测模型、项目筹资决策模型、重大投资决策模型等设计功能；提供模型的生成、修改、删除、查询、运行等。

(4) 分析方法选择。

提供全部成本分析法、变动成本分析法、仿真模拟法、结构分析、对比分析、趋势分析、环比分析、定基分析，实现对报表的全方位分析；提供理

想财务状况与实际财务状况的比较，判断学校的财务运行效率；提供各项预算计划的动态完成情况，实现对学校总体支出尤其是基建项目的跟踪控制；提供"what-if"分析，列举决策可能遇到的情况，估计随机事件等各种方式预测未来状况；提供多种因素分析方法。可以帮助学校决策层诊断利弊所在，改善学校综合管理。

（5）决策报表输出设计。

良好的交互性，友好的人机交互页面，多种图形显示，形象直观。直接利用报表就可进行分析，如对教育事业支出、教育事业收入、部门经费等财务状况分析。提供输出向导设计，采用向导可生成部门经费分析表等分析性、决策性报表。可根据需要自定义报表，易上手使用。自如添加各种文字备注，提供动态帮助。

# 第三节　高校财务管理信息化平台的实施效果

## 一、财务管理信息化系统实施效果的评估

### （一）系统实施的直接效果

#### 1. 财务运行成本和风险大幅降低

以无现金报销系统实施为例，根据高校的财务日常业务报销量分析，普通高校每日平均财务须从银行提取的现金量较大，财务需要配备专人、专车负责每日的现金提取及传递，产生了极大的财务运行风险和办公成本。通过实施无现金报销系统，财务报销基本上制止了现金的大额提取，不仅提高了财务现金管理的安全性，降低了财务办公成本，而且极大地方便了教职工报销业务。

#### 2. 财务报销效率得到极大提升

以网络预约报销系统实施为例，一般高校财务报销核算业务量，每日的各类业务凭证量在几百甚至上千笔左右，巨大的业务量导致了财务前台的长时间排队等待、单据不符的反复签字、审核等，严重影响了报销的速度。实施网络预约报销系统后，通过对各小区报销业务量的分析，可以合理分配每日校区间的会计核算人员；通过对网络预约信息的处理，可以使经办人足不

出户就能提交部分报销信息，并知晓报销内容的合规性，避免票据的反复退回、签字；通过对预约报销时间的确定，可以使报销经办人做到随到随报，无须在现场长时间排队等候，极大地提升了报销效率。

3. 工资薪酬等发放工作速度加快

以薪酬发放业务的分析为例，一般高校原有的各类发放业务包括每月的基本工资、奖金、绩效，各二级单位的津贴、各类其他酬金，以及学生奖学金、勤工助学金等，发放人数从个位到上千不等，财务须对纸质文件和电子文件同时进行审核，制成 DBF 文件后邮件给银行，由银行进行工资发放。同时薪酬系统的实施，实现了经办人通过薪酬客户端随时提交发放信息，财务审核后将从工资系统匹配银行卡号，汇总计税后提交至银行代发工资业务客户端，实现自主实时发放，并且发放错误信息能够当场返回，以便修改后及时发放，极大地加快了发放速度。

4. 财务收缴费业务简化

以财务收费业务分析，很多高校原有的收费业务基本通过银行托收和现金收取两种方式，对各部门的收费项目需要进行人工处理后制作成银行需要的格式，转发给银行代扣，并且反馈信息较慢，财务收费业务的环节过多且复杂。实施财务网上缴费平台后，学生可通过缴费平台自助选择缴费项目、缴费方式、缴费银行、缴费时间，缴费信息实时反馈，避免了由于大量的人力手工操作带来的风险，减少了财务收费业务环节，简化了收费业务流程。

5. 学校运行成本的降低

以对一卡通班车消费系统的分析支持为例，学校教职工居住地分散，上下班依赖学校提供的交通服务，学校交通车运行成本较大，且各班车的人数分布也不均衡。根据学校管理部门对一卡通班车运行报表的数据分析发现，在最多的月份的学校日常工作日中，教职工刷卡乘车次数在 20 次以上的也只有 82 人，刷卡的次数也仅仅达到了 40 次，这意味着每天都需要乘坐校车上下班的只有 2 人。根据分析结果，学校可以调整学校班车运行班次，只保留早晚交通高峰时间段及晚间 9：30 后用于教职工上下班的交通车，将单趟刷卡人数在 10 次以下的车次陆续停开。班车调整后，学校采取配套措施，通过提高交通补贴标准，使得全体教职工都能根据自己的需要选择合适的出行方式，同时节约学校运行成本，提升管理水平。

交通车不再作为教职工出行的唯一的选择，而仅仅作为一种补充方式。

6. 学校资金集中效益的体现

实施资金集中管理系统后，一方面，通过对学校下属单位、校办企业的资金集中管理后，实现了对学校银行账户的统一归口管理，实现了资金的集中管理和核算，部分原处于财务监管外资金在学校账户的不断积累，产生了一定的资金沉淀效益；另一方面，通过对学校银行账户之间资金的实施监控，可以随时了解学校资金收支情况，便于财务统筹安排还贷、大额支出、空闲资金的存款理财等，提高了资金运行效益。

7. 学校预算管理和执行的规范化

通过构建财务预算管理系统，实现了从预算编制、上传、审核、变更、执行、监督及评价的全过程控制。一方面、预算编制方法和预算科目的科学化使得预算上报的更加准确和科学，更好体现部门预算的目标；第二，对预算执行的动态控制，使得预算的执行和监督更加有效；第三，对预算执行的有效分析，使得学校预算的绩效考核变得有章可循，不仅可以对部门绩效进行考核，也可对员工绩效进行评价，对部门工作的主动性、积极性和能动性起到良好的激励作用。

8. 财务信息公开的标准、透明

通过财务信息标准和财务信息发布平台，实现了财务信息的透明化、公开化，师生员工可通过一卡通信息共享平台随时查询个人财务信息，及时掌握部门经费和科研经费使用情况；另外，通过平台延伸建立起来的网上预约报销、无现金化报销制度、都能极大地提升财务服务质量和水平，营造良好的财务环境。

（二）系统实施的间接效果

1. 财务部门的工作形象的提升

财务作为学校运行和发展提供服务的重要部门，其工作形象取决于财务能提高的管理和服务水平。一方面，通过对财务报销、薪酬发放等业务进行一系列信息化改造，使得财务提供的服务质量得到广泛提升；另一方面，通过新开发的预算管理系统和决策分析系统，使得财务能够提供的服务内容得到扩展。利用先进的技术和分析方法，不仅提高了服务水平，而且大大降低了财务员工与报销人员之间的误解与矛盾，从而提升了财务部门的工作形象，利于财务工作的开展。

2. 财务员工满意度的提升

随着学校发展规模和水平的不断提高，一线财务人员的业务量在逐渐加大。网络预约报销、缴费平台等信息化系统的实施，改进了业务流程，减少了以往重复审核、签字等不必要的环节，极大地降低了一线会计人员的工作量，节约了大量数据核对、文件传递的时间，使得财务人员能从枯燥的报销业务中解脱出来，更多地投入财务管理和财务分析等活动中来，从而提升了财务员工对于工作的认可和满意度。

3. 财务内部控制更加规范

财务预约报销等信息化系统的构建是严格按照财务内控制度进行设计和实施的，其每一步的业务流程都是经过了设计人员的周密设计，通过将财务各项制度规范和关键环节控制以软件的形式加以固化，使得财务核算的每一个步骤都不由财务经办人的主观意愿和业务水平而转移，这使得财务的各项内部控制制度在执行上更加的有效和规范。

4. 财务人员业务素质的提高

财务管理管理信息化系统的实施不仅给学校的财务运行和管理带来了极大的便利，同时也使广大财务人员学习了先进的信息化技术和现代财务管理思想、方法。对信息化系统的日常操作以及专业系统的信息技术培训，增强了财务工作人员的责任感和成就感，使其有更大的动力去不断学习，提升个人的财务业务水平。

## 二、财务管理信息化系统实施的不足

由于研究者的水平有限，以及项目实施过程中会面临的一系列其他不确定因素，对高校财务管理信息化系统构建的研究还存在着一些不足，对于系统功能设计和实施过程的一些问题还有待于进行进一步的研究。

（1）财务管理信息化建设是学校校园信息化建设的重要组成部分，它的部分功能如身份认证等需要依赖于校园整体信息化建设的水平。本书主要是从学校财务处这一角度出发，分析其系统功能的设计以及具体的实施步骤，财务管理信息化的构建还可以纳入信息化校园的整体实施中来分析。

（2）财务管理信息化是财务管理理论与信息技术的有效融合。本部分内容主要是从功能的设计和实现角度对财务管理信息化的构建进行了分析，对其完整的分析研究还结合具体的信息技术，从硬件选择、网络架构、系统部署等技术角度进行综合性的分析。

（3）实现新的信息化解决方案不仅仅是安装硬件和软件的问题，学校还必须处理新的信息化解决方案带来的组织变化。对系统构建效果的实现还可以从学校组织机构调整、财务管理模式转化、业务流程重组等组织变革管理的角度进行研究和分析。

（4）财务管理信息化系统的实施需要遵循严格的项目实施管理制度。本书分内容对信息化系统实施的研究主要集中于系统实施的步骤、各步骤的内容和目标上，还可以从项目管理的角度，对系统实施面临的各项风险管理、实施成本控制、实施绩效评估等角度进行研究。

# 第六章 信息化背景下增强高校财务管理能力的对策与保障

近年来，随着我国高等教育管理体制改革力度不断加大，高校已成为自我管理、自我发展的独立法人单位，给各个层面的管理拓展了空间，扩大了自由度。尤其是在财务管理上，其办学经费的来源形成了财政拨款、事业收入、经营收入并存的多渠道筹措资金的新格局，改变了过去单一财政拨款影响学校发展的弊端。长期以来受传统观念的影响和束缚，高校财务管理理念、管理手段以及工作人员素质等明显不适应新形势下的财务工作要求，存在的问题较为突出，给财务制度化管理带来一些困难。必须按照新会计法和会计工作规范化的标准，积极寻求解决对策，树立新观念、理出新思路、制定新办法、实施新措施、营造新局面，使高校财务管理逐渐趋于规范化、制度化、科学化，使之更好地服务于教育事业的建设和发展，为高校人才培养提供有力的保障。

## 第一节 明确高校财务管理信息化建设的目标

高等院校财务管理信息化建设是一项长久工程，其建设目标应分为短期目标和长期目标。短期目标是根据学校目前的发展状态建立满足各部门财务信息需求的财务管理信息化系统，具体表现为流程信息化、信息共享化、决策智能化。长期目标是建立以政府会计、管理会计、全面预算会计等为核心的财务信息化平台。

### 一、高校财务管理信息化建设的短期目标

#### (一) 流程信息化

流程信息化是指将财务业务流程实现全面电子信息和数据流程处理。这

是全面达到校内财务信息化建设的基础，是"落实信息共享化、决策智能化的保障"①。只有实现标准、规范的流程信息化处理，才能达成财务信息资源的传递、共享和有效利用。将当下业务处理流程中循环重复、手段落后的工作方式进行彻底地改造革新，例如用网上报账系统代替人工面签审批这样的方式，能大幅度地提升工作效率和信息利用率，并且将财务系统与相关的职能部门如科研处、人事处等连接起来，形成以"数字校园"平台为中心的具有集中性、完整性、安全性的管理信息系统，打破系统壁垒，实现信息资源的有效共享，教育运行成本的降低，从全方位增强学校财务业务流程中数据的信息化水平。

（二）信息共享化

信息共享化是指通过计算机技术、大数据技术、云平台技术等方式将数据整合，实现校内信息实时共享。现阶段财务信息使用最大的问题就是"信息孤岛"现象。要解决这一根源问题，就要通过以财务信息交换平台为数据交换主体，建立不同经济业务的系统标准数据采集口径，保障信息交换渠道通畅，确保信息及时传输，才能更好地满足各职能部门和二级学院对财务信息的需求。将财务信息处理嵌入如科研项目初始化、政府采购招标等业务活动中，将财务数据的录入和读取嵌入业务始末步骤中，让数据的生成按照财务软件统一格式表达出来，同时通过标准化数据读取实现授权审批、资金划转和归集等活动。将学校经济活动流程、会计核算流程、资金收支流程、审批监管流程互相融合，推动各相关部门高校财务信息互通有无，降低财务部门工作量，有效执行事中控制的职能，强化防范业务风险的水平。

（三）决策智能化

决策智能化包括资金保障可视化和决策支持科学化。资金保障可视化是指通过大数据分析等关键技术将零散的经费支出数据汇总，整合分析，最后根据管理领导的需求以图形、曲线等直观形式生动展现出来，告别呆板的数据汇报形式，能让领导层了解更清晰更透彻，才能更好地支持各项决策的制定。它的优点体现在动态跟踪预算执行情况，与历史数据进行比较，以横向和纵向的视角推导出资金未来使用预案，为财务决策提供智能化管理支持。

---

① 韦一滨 . Y 高校财务管理信息化建设优化研究［D］. 广西大学，2019.

决策支持科学化是指在财务信息化建设中要持续增加决策智能系统的模块投入，形成多部门、多系统联动的统一决策分析平台，按需求次数对报送数据进行智能排序，而对学校整体财务状态进行总体分析，有效帮助部门管理层和学校领导层准确把握财务现状，为精准实施决策措施给予支持。

## 二、高校财务管理信息化建设的长期目标

### （一）建设核心以管理会计为主

通过信息交换平台的整合和传递，将预算监管和成本控制作为重点，加强内部控制，把财务管理信息化系统打造成为能为学校建设提供有效服务这一重要目标进军。在预算模块管理中，主要以编制、下达、执行、反馈为关注点，进行流程整体动态监控，做到对预算的实时管理。与此同时，用企业资源计划作为成本管理的指导思想，减少低收益成本的占用情况，并对预算执行完成后的成本设置考核，加强成本控制制度建设，增加高收益成本的形成。除会计核算这一传统功能外，高校财务管理信息系统还必须具有高质量的管理会计能力，这样才能在今后的决策判断上给予有效的基础数据信息，从真正意义上实现建设的初衷和目的。

### （二）符合政府会计制度的未来发展要求

新政府会计制度对包含高等院校在内的行政事业单位提出明确要求，单位要同时进行预算会计和财务会计的账务处理，未来高等院校账务处理的发展趋势会不断向权责发生制靠近，那么对高校财务管理信息系统的建设也必须符合这个发展方向。财务系统既要适应预算控制、财务核算、国库管理等传统业务衔接过渡的需求向精细化核算转型，也要适应收付实现制和权责发生制两种不同核算方式下财务核算的差异。运用流程再造的方式，对原有财务流程进行优化，升级财务管理信息系统，提高财务人员的业务处理效率，提升信息有效使用率，确保不同核算方式下数据统计的准确性。

### （三）流程再造以精细化管理为目标

在报账业务处理方面，以报账人员为视角，分析被服务群体行为模式，简化报账流程，提高财务数据利用率，通过更简便、更快捷的方式，提升报账人员对财务操作的认同感，缓解报账这一老大难的症结，为广大教职

工和学生创造出一个良好科研环境。并且，在不影响财务日常工作的情况下，不断简化处理流程，剔除冗余环节，优化处理财务信息的方式，不断提高财务信息利用率，从而达到强化财务管理功能的目的。在学生收费业务方面，构建"互联网+"缴费平台。建立学校内部学生信息大数据库，运用"云平台"等先进的技术手段，将财务部门和学生管理、教学部门的信息共享，破除信息阻隔现象。各部门统一思想、增强协助、共担责任，充分利用大数据信息的管理提升财务监管水平，对违规使用学校经费的情况进行预警和及时查处。在流程审批方面，加强对移动客户端技术的支持，这样不仅可以满足师生随时随地查询、缴费、报销的需要，又推动财务信息服务与移动互联技术的有效融合，使财务信息的使用摆脱空间和时间的限制，增强财务信息化服务的方式、途径，提高财务服务质量。

## 三、高校财务信息化建设的目标细化

### (一) 优化师生财务服务体验

高校现行财务管理体系下，经常会出现财务人员因业务量过大、重复不必要劳动过多、系统延迟出错等原因导致服务出现问题，以及师生员工因为不参与不了解财务流程而报销问题票据、做出不合理预算、领导签字不全、附件缺漏或是手续不全，最后审核不通过，师生员工需要多次来回往返财务处浪费时间精力，甚至产生负面情绪。其实这些问题都能通过财务信息化建设得到多多少少的缓解，对现行财务流程进行信息化再造和设计，能够提高财务人员工作效率和服务水平，优化广大师生员工的体验。师生员工参与了解了财务流程，也能提供更准确的财务信息数据，加深对财务人员工作的理解，提高满意度。如现试行了半年不到的网上预约报账，对师生的财务服务体验产生很大的正面影响。

### (二) 实现财务信息资源共享

由于高校的财务信息都是靠财务人员录入系统的，非财务处师生员工只提供原始资料，基本不参与甚至不了解财务信息的筛选和获取，导致基层财务人员几乎把时间都花在财务信息的获取上，无暇参与财务管理、分析决策；许多师生员工对财务知识一知半解，认为所有财务流程都只是财务处的事，这些都会对财务信息数据产生不良影响。因此，对现行单向的财务流程进行改造，采用引进网上报账系统、扫描上传凭证、推广电子发票等方式，加大对师生员工的宣传教育，让他们都能成为财务信息数据的提供者，同时提高财务信息数据传递分享的效率。

大学财务系统内部之间信息只能有限共享，而且无法自动同步，只能人工触发，甚至需要重复录入，存在数据滞后、资源人力浪费、人工操作失误等风险。在财务处内部研究建设一个完善的财务信息管理系统，使各子系统之间相互关联、控制严格、安全稳定、沟通流畅，能更好地推动高校财务信息化水平的提升、提高财务处的管理决策效率。

高校发展需要收集与财务处相关的各部门之间及时准确的数据来进行科学合理的决策，然而目前部分大学各部门系统之间信息孤岛现象依然存在，不利于财务信息化的建设。研究构建一个对接财务与相关部门如教学、科研、人事的信息管理系统，打破信息孤岛，能大幅度提高学校管理水平。

财务信息化既能够帮助财务内部系统集成，也能达成财务系统和财务外部相关部门系统之间的对接，信息数据得以实时传递。财务外部相关部门可以通过局域网登录财务综合信息系统，实时获取授权的财务信息，不需要再被动等待财务处提供滞后信息；财务处也可以从其他相关部门系统中提取财务管理所需的原始数据，不需要等待相关部门提交信息，避免人工传递信息的不便与风险。财务信息资源的共享转变了信息使用者和处理者的信息来源途径，改善了工作效率，对学校的财务管理水平和总体竞争力提高有很大帮助。

（三）切实加强财务管理水平

高校传统的自上而下的下达指示和自下而上的汇报任务以及分散独立、衔接不良的内外部管理系统已经无法保证财务信息的标准规范、及时传递、准确反馈。建设一套协同统一、系统集成的财务信息化体系，能够在事后控制的基础上再做到事前和事中控制，加强监督，并且能对共享的财务信息数据进行分类报告、循环反馈、分析改进，方便管理层进行各种预测和决策。

随着大学的不断发展、信息技术的日益进步、政府政策规定的新要求、教育体制改革的逐步推进，要求大学继续完善财务信息化建设，再造财务管理流程。学校的整体运作，各个部门的正常工作都缺不了财务信息数据的支持。在财务信息化建设过程中，依靠系统之间的对接和耦合，其他相关部门负责原始数据的提供，财务处再对原始数据进行处理，最终向信息来源部门和其他部门输出有用的财务数据。财务信息化是一种全新的财务管理工具，帮助实现财务信息资源共享，提升财务管理效率，进而优化师生财务服务体验，乃至协助管理层分析决策，切实加强高校整体财务管理水平。

# 第二节　高校财务信息化建设的内容

## 一、高校财务信息化建设的总体方案

### (一) 业务流程信息化

业务流程信息化，展开就是预算、核算、数据分析三大核心业务流程实现信息化，是全面实现财务信息化建设的基础。要想达成财务信息数据资源的最大化和最佳利用，就必须对财务业务流程进行全方面的信息化改造。另外，要实现财务管理工作的内控和安全保障，业务流程改造还必须做到统一规范的标准。也就是以现有的财务业务流程为基础，对其中冗余复杂、技术落后的部分全方位升级改造，同时与财务处相关的其他部门系统之间进行对接，有效共享信息资源，加快信息传递效率、减少信息传递成本和出错率，各方位提升学校财务业务流程的信息化水平。

### (二) 财务系统集成化

财务系统集成化主要包括三个部分：一是财务管理信息化建设的基础，即财务管理信息化规范的制定、财务信息共享的实现、财务综合门户的建设。二是财务系统与财务相关部门系统之间的集成，主要由人事处、教务处、学生处、科技处等部门的业务系统间的融会贯通组成。三是财务综合集成系统，主要分为网上预约报销系统、科研经费集中管理系统和当前最需要通过流程再造设计进行升级的预算管理系统等。

### (三) 分析决策智能化

分析决策智能化主要由财务信息直观化和辅助决策分析两部分组成。财务信息直观化采用大数据技术把各种混杂散乱的财务信息数据重新整合分析，提供给教职工和管理层指标、图表等直观信息，更好地协助财务管理与分析决策。辅助决策分析是指财务信息系统要增加辅助决策支持的板块，信息部门和财务处要合作开发财务智能化分析系统，实现多部门、多系统联通耦合，能够方便管理层不受时间空间限制地掌握财务动态，辅助管理层进行决策分析。

## 二、预算业务流程信息化

对高校的预算管控流程进行变革，首先从报销人最头疼的领导签字难的问题来考虑，开发电子审批系统。在具体流程改造过程中，首先，财务处依据学校各项目经费具体的审批流程，订制审批系统的总体框架和各模块；并依据学校内部控制制度将内部控制风险点责任人的审批权限嵌套在审批流程中；推广方案实践应用中，财务处和信息化办公室一起，加强对电子审批系统的线上宣传和线下培训；同时在每一个教学单位或者行政部门配置培训一至二名财务助理，方便教职工及时了解和学习电子审批系统。如果能做到以上几点，基本能保证电子审批系统运作效果良好，报销人省去了大量的跑腿工作，领导也省去很多"被签字"的麻烦。只要能连入网络，理论上领导就可以随时随地进行线上审批。同时，财务处牵头与时俱进的改革也转变了教职工以往对财务人员的刻板印象，财务人员也能够有更多的时间和精力去提升自我。

具体方法做如下设想：一笔经济业务相关的所有票据和附件由报销人或是报账员扫描上传至网上预约报账系统，对应一张单独的预约单，上注相符的附件张数和发票金额。完成后生成一个单独的 PDF 文件，仅用作电子审批和后续查询，财务核算做账还是以纸质凭证为准。该文件应进行特殊处理以禁止更改。该 PDF 文件将通过网上预约报账系统对接 OA 办公系统发送至该笔经济业务支出经费

对应的项目主管。项目主管可在自己方便的时间和地点登录 OA 办公系统查看需要审批的报销单据，根据 PDF 中扫描上传的电子凭证选择是否同意。其中出于安全保障，每位领导应单独配置对应的 U 盾或需要手机验证码等方式才能进入 OA 办公系统中的电子审批模块；出于方便领导和报销人，提高审批效率，如果是需要多位领导按顺序会签的业务，后位领导可以进行预审批，如果前位领导之后审核通过则后位的预审批自动通过，反之预

审批失效，这样可以避免领导们轮流出差，在的领导签不了字，或是签字了下一位领导又不在的尴尬。总结一下就是结合凭证电子影像化同步上传网上预约报账系统，网上预约报账系统对接 OA 办公系统，开发运行财务报销网上审批系统。

## 三、核算业务流程信息化

核算业务流程的信息化需要用机器取代人工，依靠智能技术解放财务人员的手工操作。因为高校现行的核算业务流程处理普通比较费事，在当今大数据时代的背景下明显落后，所以需要通过信息化的流程改造，达到智能核算管理的目的。同时要注意加强财务系统内部和核算系统相关的其他系统之间的集成，并且要注意加强与财务处外部相关部门管理系统的耦合，比如与科研产业部在科研管理系统的对接，和教务处在学生管理系统的对接等，通过信息化建设形成具有学校自身特色的管理信息平台。

## 四、数据分析流程信息化

在财务信息资源共享的基础上，实现数据分析流程信息化，包括财务系统内部的信息共享和财务信息系统与财务处外部相关部门信息系统之间的信息共享。学校决策部门、业务部门能够及时获取、使用信息资源。特别是多校区的学校，各校区财务管理信息系统之间既相对独立又可以协同处理会计业务、实现信息资源共享。师生可以登录信息门户和财务综合平台享受在线财务服务，包括工资明细查询、学生收费查询、报销进程查询等。

## 五、财务系统内部的耦合

现在很多大学可以在工资酬金系统、学生收费系统与奖助学金发放系统和财务核算系统之间做到付款信息和师生信息的同步，但有些学校财务系统内部和人事系统及教务系统之间并不能做到数据及时传递，存在信息孤岛，需要进一步加强集成耦合。

将工资酬金系统和核算系统耦合。虽然一般高校财务处有独立的工资酬金系统，负责工资管理，但工资酬金系统与账务核算系统并没对接，工资发放和劳务费支付的业务做账都需要财务人员切换到核算系统人工完成。未来可在工资酬金系统中添加连接核算系统的接口，将每月的工资发放和劳务费支付账目汇总在核算系统中自动生成凭证。

将学生收费系统和核算系统耦合。和工资酬金系统一样，财务人员也需要把学生收费系统中每天的收支切换到核算系统中手工做账。未来可在学生收费系统中添加连接核算系统的接口，将当天学生费用收支汇总数在核算系统中自动生成凭证。

开发利用核算系统的凭证管理版块，做到会计档案的电子化管理。再结合凭证电子影像化，做到凭证无纸化的查询与调阅。

开发利用核算系统的票据管理版块，对票据、收款之类的信息进行辅助管理。可以统一对教职工申请开票和外借票据进行控制和限制。还可以对各种票据管理信息进行统计，从而能够按时催缴未到款项和提醒未认领款项。

## 六、财务系统与相关部门系统的耦合

以预算流程为例。一般来说有三个信息系统：网上报销系统、财务系统和科研系统。

预算信息化集成实现了预算管理过程中的申报、网上报销、预算控制的信息化管理，但也存在明显的局限：①财务系统承担了较多的预算管理职能，横向的系统之间数据交互存在孤岛，没有完全形成通路；②科研系统仅支持科研产业部预算申报的流程审批，不支持预算数据的同步和传递；③预算涉及多方面数据，用户需要多系统切换操作，影响预算管理效率。

如果保持现状，虽然能基本实现科研预算审批、预算数据录入和更改以及预算控制的功能，但信息化程度还是不够高。财务系统内部没有独立的预算管理系统，而且负责预算管理流程的系统之间都是各自独立的，没有直接的信息交流通道；财务系统和科研产业部的系统之间也没有衔接，信息无法实时传递、自动同步，信息交流通过人工完成，而且涉及数据的二次录入，容易发生错误和舞弊的风险。

为实现项目申报数据自动传递，审批结果及时共享，预算数据实时同步，进而打破信息孤岛，提升管理效率，财务系统内部之间、财务系统与科研产业部的科研管理系统对接刻不容缓。

建立预算管理全过程一体化的信息系统，未来应将原有科研系统、财务系统、网上报销系统统一整合到预算系统中，用户不需要频繁切换系统进行数据查看与操作。

系统集成后，预算编制、执行控制以及预算分析各模块功能具体如下：

预算编制模块：主要功能是立项、申报、审核和下达。原预算申报均在科研系统中提交流程审批，但不支持申报数据分析等处理。在新的集成方案中，在预算系统中统一建立项目库，归口项目立项的维护与审批。项目包括年初校内预算、日常的纵向科研、横向科研，均在预算系统中立项，然后将项目基础信息调用接口写入到财务系统。

预算分析模块：通过预算与财务两大系统进行分析数据交互，对于分析层用户，不再需要到多个系统中查找预算数据，也不再需要通过手工统计制作大量的预算分析报表。决策层可以在预算系统中直接看到预算执行情况。对于操作使用层用户，可以及时了解自身经费的明细使用情况，按照预算分类控制的要求使用预算。

由此可见，通过财务系统内部核算系统与网上预约报账系统的进一步对接，加入预算申报和预算申报模块与科研产业部的科研管理系统加强集成，建设一步到位的预算管理信息系统，是高校财务信息化建设的一大重点。

# 第三节　高校财务信息化管理能力提升策略

## 一、高校财务信息化管理能力提升整体思路

当今高校财务管理的信息化建设中有着诸多问题，但是在以后发展的道路上，高校的财务管理工作要把一切从实际出发与高校各自不同的特点相结合，提出有效的合理的方案，从而使得财务信息化建设的有序健康的发展。

（一）设计高校财务信息化的标准方案

财务管理信息化系统的实施方案是项目构建的前提。方案的实施人员应该以确定系统建设目标为基础，不仅需要结合高校自身财务管理的实际情况，也要与其余高校财务信息化实施的经验相结合，还需要合理的分析各子系统目标的紧迫性和重要性，并且制定系统构建的许多目标，把它们分解到方案实施过程的每一个阶段，最后构建出系统实施方案并证明它的可行

性，把它提交到领导机构进行审批。项目审批领导班子成员进行反复深刻讨论，并把方案错误以及存在漏洞的地方加之修改后批准实施应用。高校财务部门不仅要依照财政部颁发的各项法律和法规政策，还需要建立健全高校的财务管理信息化的各项重要制度，例如高校财务管理信息化软件制度、高校财务信息化硬件管理制度、高校财务管理信息化岗位责任以及档案管理制度、网络安全管理制度等。依照各个高校信息化发展速度与需要来对各个高校内部一些制度进行制定还有修改，并且关注和提倡制度高效有序的贯彻落实到日常工作中去。

## （二）防范高校财务信息化平台搭建风险

提高对高校财务系统安全的防范，提高对各项技术的防范，由于财务信息化系统是一个相对公开的系统所以要提高系统安全，又由于高校相关部门间流动的数据比较多，因此，高校各个网络的安全性直接影响着财务整个系统的安全。所以，提高安全技术防范、提高控制财务系统的安全以及加强系统安全是防范高校财务安全的必然要求。高校财务工作人员要熟练运用基础的网络安全的知识并且快速地对计算机进行杀毒，同时查杀存储卡中的病毒，提升计算机网络病毒库，并对计算机病毒做好预防工作。一定要运用防火墙和加密信息技术等手段来对高校财务信息化系统的网络及通信平台还有操作平台进行安全防范，最终保障高校财务信息的安全。另外，成立相关的高校网络财务各部门控制制度，实施各个部门分级授权管理，构建网络环境的分级权限制度，同时需要密码口令、指纹以及声音识别等手段才能顺利进入系统，并使用用户权限设置等等手段来限制，还有一种办法是把软件逐层加密、一个机器一人用、一个科室一人用等手段。建立健全财务信息资料的备份制度和实施多级重要的财务信息资料备份制度，提高高效管理的网络安全性，提高对高校财务数据的保密工作，进行加密硬件以及软件、一个机器一人用、一个科室一人用等，提高对磁介质载体档案的安全管理，实施磁介质档案以及纸质档案的共同保管制度。遇到突发情况要按照计划高效的应急预案严格执行，除此之外还需要，一是制定计算机机房管理制度，二是制定计算机机房的防火、防盗、防水等措施。多运用现代的安全保障措施以及先进的制度，健全一级一级分级备份制度，建立高效的恢复机制，主要是为了预防整个系统的瘫痪，加强系统的安全性，成立应急预案在突发的情况下可以迅速自救整理，还应该进行计算机的双重备份，确保出现机械故障时，可以快速有效地恢复整个系统，不影响系统运作，进而恢复正常有序的相关工作。想要预防和解决高校系统的病毒入侵，掌握明确的病毒来源，就要对杀毒软件进行更新，利用密码存储的设备，提高对磁盘的控制。还需要运用一些技术手段来确保整个系统的有效运行，例如指纹技术、防火墙技术、识别身份证技术、密码密保技术。要想迅速的降低一些因素造成的财务工作的风险，例如，财务人员素质不高、网络病毒的侵入等。就要科学有效地来完善财务内部控制制度，最终做到高校财务信息化顺利的发展

（三）优化高校财务信息化核心软件功能

财务软件高速发展是从早期的财务电子计算机到财务信息系统的过程，从而大量地融入管理的概念如今发展到财务和管理信息系统，已经不仅仅是简单烦人模拟计算机对财务相关工作。在具体的财务核心软件的应用中，提出相关的要求就是对数据的来源以及相关格式的规范性准则，在相对范围中不仅解决了不规范的手动操作，而且还解决了容易出现错误的一系列问题。与此同时解决和预防了很大范围上财务违法违纪的一些问题，不仅给高校的内部审计工作创造了有序高效的条件，也给外部会计师的审计工作创造了健康的环境。优化财务软件的功能，不仅可以加强高校财务管理信息化还可以加强高校财务管理水平。有效的财务软件可以使得高校财务管理可以有序健康地发展。加强落实财务软件的相关功能，不仅使得工作的效率有所提高，在处理数据方面发生迅速的改变，进而使得高校管理向健康有序的环境前进。当代会计发展的趋势就是加强高校财务信息化建设，它也是提高高校财务信息化管理的重要策略。

通过对核心软件的不断建设的道路中，总结出还需要完善诸多问题，慢慢地提高高校核心软件的建设水平。软件的建设不仅做到高校各个部门间共享财务信息资源，而且财务管理的监督职能也有所提升，为达成高校财务信息化的管理奠定了基础，不仅使得高校财务各项工作的高校运行，还让高校财务管理工作走向新的发展，在一定程度上大大提升了高校信息化财务管理发展的速度。逐步加强建设财务管理信息化的道路，努力提高高校管理的整体水平，深化高等教育体制改革并使得高校各项事业快速发展。

（四）完善高校数字化校园的系统集成

需要通过四个月甚至更久的时间才能完成系统的试运行进而来进行系统

的完善，不但要逐步平稳进行系统的试运行，而且还要培训各个部门的操作人员，把业务流程做到流畅易懂，最终使得高校的财务管理信息化优点日渐突出，完成崭新的财务管理信息化系统，与此同时系统的安稳运行之后尤为重要，不仅有效地体现了它时刻管理功能，对它还需要相关技术人员的管理和使用，主要包括以下方面。

### 1. 明确系统责任单位

高校的财务部门是高校财务管理信息化的主要落实单位，他们不仅应该系统管理而且还要维护各个责任部门，就需要推出日常的管理以及维护日常专人负责的系统，然而高校的相关信息技术部门要为维护常规的信息系统提供大力的信息技术支持。

### 2. 规定系统管理和使用制度

崭新的责任人以及责任系统单位明确后，要明确相关的责任制度。要进行相关一些的规范，例如，对信息系统运行的规范、对管理的规范、对日常使用的规范、对使用过程的规范。对责任人以及单位在使用整个系统的过程中要用管理的方式或是制度法规的方式进行限制，成立明确的责任制度以及分明的制度系统进而来整理高校的运行管理制度。

### （五）建立高校财务信息化合理的评估考核体系

高等院校财务管理信息化绩效评估体系不应以基础设备、信息资源建设为导向，而应以系统的持续运行发展与学校自身管理能力的提高为目标、多重要素相结合的指标体系。要将现实中物力、人力、财力的投入转化为实际的管理效能，要在系统中建立绩效评估机制：在预算执行方面，将年度预算差异率纳入绩效考核中，对没有完成规定预算进度的部门，扣减该部门绩效总分，全年绩效执行进度不足的部门，扣减第二年相应比例的预算；在经费使用方面，把项目经费投入情况、项目完成率情况等纳入评优评先和达标考核的范畴，并根据完成情况给予奖励，在下一次项目申报时优先考虑；反之，没有在预算期限内完成项目进度的，给予惩处，且影响下一次项目申报。在业务审批、会办流转方面，根据业务的紧急程度，设置"普通""加急""特急"等缓急标志，并加入办理时限要求，对在规定时间内没有完成的文件审核进行记录，纳入部门或个人年终绩效考核。同时，引进高等院校财务管理信息化督导评估机制，比如聘请第三方定期评估的方式，从与高等院校无关联的社会机构中选取督导机构。督导机构不仅要履行有效监督的责任，更重要的是要及时与学校进行沟通，把督导评估过程中发现的问题及时反馈给学校，要比照已建立的评价指标体系进行逐一复查，查漏补缺，引导学校从多方面思考和认识到问题产生的原因，归纳整理总结，尽早找出问题的核心症结，及时进行整改，使高校财务管理信息化督导评估落到实处，有效促进信息化建设，从而提升高校管理能力，提升高校办学水平。

### （六）引进与提升财务人员综合素质

所有的制度改革，都要每一位工作人员的配合，财务人员的素质水平的高度会对改革效果产生直接的影响。学校财务管理整体水平受人员素质的影响，财务工作质量的高低直接影响学校全周规划发展的走向。优秀的财务团队能提供高质量的财务业务服务，帮助学校实现财务目标；反之，低质量的财务业务服务会影响财务目标的实现，甚至让学校陷入财务危机。所以，财务人才的储备非常重要。在财务管理信息化建设中，如何建立高质量的人才团队，具体表现为注重引进会计复合型人才、关注在职人员的后续培养、坚持终身学习这三个方面。

### 1. 引进既有财务专业知识又有计算机信息技术的会计复合型人才

大数据时代来势汹汹，互联网技术蓬勃发展，随着科技水平的不断提高，机器人和人工智能的发展终会将财务人员从传统的机械、重复的核对工作中解放出来，成为财务机器人的管理者。在现阶段财务信息化建设中，随着建设进度的不断推进，对人才的要求不断提高，所以人才队伍的革新的重点就是吸引具有财务实务理论和信息技术的复合型人才，为高校财务管理信息化建设注入新思维新血液。

### 2. 注重财务人员后续培养

按照职务的分工在自己的岗位上认真履职，各岗位职责明确、环环相扣。财务信息化系统促使财务人员从机械操作向综合管理方向转变，具体表现在工作的重点由传统的票据核对和金额核算拓展到账务处理、网上支付等，这对财务人员的素质提出更高的要求。对在岗财务人员的后续培养中，不能局限于财务专业知识和法律法规的培训，还要增强计算机信息知识教育，如系统的操作、管理与维护等，提高系统操作熟练程度。只有具备了计算机信息相关技术，才能提供更优质的财务服务。

### 3. 坚持终身学习的理念

在未来，人工智能时代的到来对财务会计行业的就业产生巨大的冲击，未来财务机器人将会代替人类进行票据审核、凭证录入等工作，大批基层财务工作者将面临失业的危险。而现在，财务管理信息化建设要求人们不要局限于学习财务专业知识，同时要了解、学习各种先进的技术和操作。财务人员在长期的工作中，很容易被固有模式束缚，将思维禁锢在条条框框里，这是不利的。因此，财务工作人员需要从这种束缚模式解脱出来，坚持不断学习、终身学习的理念，培养敏捷逻辑，激发创新思维和创造能力，增强自身适应性和综合实力，以应对未来可能出现的各种挑战。

## 第四节　高校财务信息化建设与管理保障

### 一、标准规范保障

高校应该在参考兄弟院校的标准和经验的基础上，与自身的需要和特色相结合，组织成立负责信息化建设的信息中心，建立完整的信息化标准规范，从而消除现行存在的信息传递滞后的情况。信息化建设的快速发展需要学校充分了解"自身所处的社会环境以及现有的信息化建设现状"[①]，并且利用手头各种资源推进信息化建设。既要创立本校特有的信息共享平台，并且将大数据和"互联网+"等技术应用其中；又要确保信息数据来源的及时准确，在高效处理之后实时同步到信息平台。信息平台在财务系统内部和外部相关部门管理系统之间创造了共享接口，使学校整体信息系统集成耦合成为可能。

---

① 董彦达. S 大学财务信息化建设研究 [D]. 江苏大学, 2019.

## 二、资金需求保障

以上保障措施都需要庞大的资金支持，但由于事业单位的非营利性，高校财务信息化的实际需求和资金投入一直存在着矛盾。因此需要采取措施保障高校财务信息化建设的资金需求。

第一，要更新观念，通过学习先进高校取得的信息化建设成功以及本校试运行成果，接受推广财务信息化。在高校不断发展和信息化建设不断推进的过程中，人员、物质、资金三者缺一不可，这需要领导和管理层对学校财务信息化建设的足够重视。首先要更新领导和管理层对学校财务管理方式的观念，转变对财务信息化的态度，强调在信息化建设中财务信息化建设的重要程度。

第二，在此基础上进行顶层设计，例如设立总会计师、成立专门的信息化办公室。通过顶层设计，领导批准人员、物质、资金的投入，上级对财务信息化建设加强重视，下级更加有动力去完成工作，从而为学校财务信息化的建设完善提供有力支持。

第三，和信息软件公司合作，通过横向科研项目合作、赞助等方式降低信息化建设的成本。

第四，加强学校商学院和计算机学院的合作交流，开发自己的财务信息系统，既减少费用支出，又能更加契合学校自身特点和需求。

## 三、硬件设施保障

根据大学的实际情况，对应建设完善的硬件设施，特别是财务处的计算机系统。铺设适合学校自身特色和需求的内部专用网络保证信息传递的稳定性、安全性和及时性。另外，应该保证数据的实时同步，既要保证数据的准确性，又要实时上传或是备份数据。

必须保证数据库服务器的稳定，还必须设置不同的权限，包括区分开财务人员和教职工、管理层和一般信息使用者，而且要保证只有财务人员有权对后台数据进行维护，而教职工只能访问授权的信息数据。

同时，招聘门负责信息系统维护的技术岗人员，对设备进行维护、更新，解决系统出现的问题和错误，硬件设施保障工作。硬件设施保障的主要任务包括：校园整合网络构建、服务器系统安装，以及调试维护等。

## 四、内部控制保障

内部控制必须真正落地，不应仅限于墙上制度和形式化的内控手册，应实现内部控制信息化。把内部控制的风险点打入财务信息系统流程设计中，不仅规范了财务业务流程活动，而且帮助实现内部控制。反过来讲，如果信息系统设计没有建立在内部控制的基础上，也就是内部控制和财务管理信息系统是"两张皮"，那这样的信息系统也会流于形式。但是，管理信息水平的先进一定会贯彻和改进内部控制吗？显然不是，省内不少高校在信息化建设方面投入巨大，但是收效甚微，部门之间依然习惯纸质办公和审批，系统使用率很低，让教职工对信息化建设产生了适得其反的感受。从理论上讲，财务管理系统和内部控制系统在企业信息系统中都很重要，财务管理系统提供信息和数据，内部控制系统附加内容和功能，二者相辅相成。在选择信息技术时，必须满足内部控制的需要；在应用信息技术时，内部控制的效率和本质也会受到影响。

## 五、信息安全保障

财务信息化建设完成后续要求信息安全保障，因为信息共享和互联网本身的开放性，需要保密的财务信息的安全保障就成了重中之重。解决方案之一是构建以账务系统、收费系统、工资系统为核心的数据库服务器和以高级查询平台、公众号、缴费平台、部门网站为外围平台的基本架构，学校其他平台如果需要和财务实现信息共享，必须通过软接口形式与外围平台对接，不能直接与核心数据服务器连接。

师生员工若需要在校外访问信息门户特别是财务综合平台，必须通过VPN，使用自己的工号或学号以及对应的密码登录，并且应该限制一定的时间和频率，以鼓励师生员工尽量在校内局域网的相对安全的环境下进行操作。

同时，信息中心和财务处要一起提供杀毒软件、防火墙等安全保障措施，做好防备网络崩溃、黑客攻击等突发状况的准备，防患于未然。

## 六、人才队伍保障

部分高校财务处缺乏计算机会计复合型人才。高校财务管理信息化建设对于人员的要求更趋近于多元化、复合化。信息化建设中不仅需要财务人员具备财务数据处理能力，还要具备计算机应用方面的专业知识，在系统建设过程、系统运行阶段都需要大量的财务人员，高素质的财务人员对高校来说非常重要。

要建立一支满足大数据背景下的财务管理人才队伍，为财务信息化建设提供高素质人才储备。一是下大力气引进既懂财务又懂信息化建设的专门人才，并在工资待遇、职级晋升等方面充分考虑，营造拴心留人的良好环境和工作氛围。二是花大功夫培养在职财务人员。通过宣传教育、培塑典型等方式培养财务人员的职业操守，规范约束自身行为。通过以岗代训、外出交流、专题讲座、集中培训、送学升造、鼓励考证等多种形式，强化财务人员的职业综合素养，除加强财务专业知识技能外，更需强化信息网络时代财务管理能力和水平的提升。

## 七、宣传教育保障

部分高校师生员工的财务知识和意识不足。大部分师生员工认为财务信息获取和核算工作就只是财务人员的事，在将各种各样的原始凭证交给前台之后，就只顾着聊天、玩手机，对于有疑问的凭证做出的解释模糊不清，对于报销事项应该属于什么科目分类更是一知半解，甚至自己的科研项目预算中各科目分类有无余额也不明不白，这让他们未来参与财务流程、提供可靠信息颇有难度。解决方案除了靠推广网上报账系统、扫描上传凭证等财务流程再造的方式让广大师生员工被动参与进财务信息的获取和录入中，还可以定期组织培训教学、在各学院下设财务助理、建设微信公众号发布财务公告及解答咨询疑问等线下线上的方式对他们宣传和指导。

# 参考文献

## 【著作】

［1］曲柏龙，王晓莺，冯云香．信息化时代财务工作现状与发展［M］.长春：吉林人民出版社，2021.

［2］乔春华．高校财务治理研究［M］.南京：南京东南大学出版社，2021.

［3］李强．高校财务管理与发展新探［M］.成都：电子科学技术大学出版社，2021.

［4］赵富平．新时期高校财务治理研究［M］.长春：吉林科学技术出版社有限责任公司，2021.

［5］杨丹华．新形势下高校财务管理与发展研究［M］.太原：山西经济出版社、山西出版传媒集团，2021.

［6］张一兰．智能财务时代［M］.长春：吉林大学出版社，2020.

［7］吴静慧．高校财务会计信息化研究［M］.天津：天津科学技术出版社，2020.

［8］索金龙，申昉．高校财务管理技术创新研究［M］.北京：北京工业大学出版社，2020.

［9］吴践志，刘勤．智能财务及其建设研究［M］.上海：立信会计出版社，2020.

［10］刘赛，刘小海．智能时代财务管理转型研究［M］.长春：吉林人民出版社，2020.

［11］张远康．新时期高校财务管理问题研究［M］.天津：天津科学技术出版社，2019.

［12］孙杰高．校财务管理创新理念与关键问题探索［M］.长春：吉林

大学出版社，2018.

## 【期刊】

[1] 沈楷人. 高校财务管理信息化建设现状与对策 [J]. 投资与合作，2022，No.382（09）：47-49.

[2] 熊一心. 区块链技术在高校财务管理中的应用 [J]. 合作经济与科技，2022，No.695（24）：122-123.

[3] 肖进. 大数据时代高校财务管理信息化建设探究 [J]. 财经界，2022，No.643（36）：78-80.

[4] 孙治娟，潘鹏杰. 大数据环境下高校财务信息化建设研究 [J]. 合作经济与科技，2022，No.695（24）：138-140.

[5] 张延霞. 高校财务信息化平台建设研究 [J]. 老字号品牌营销，2022（09）：106-108.

[66] 李晶，曾桃华. 区块链视角下高校财务转型的设计与展望 [J]. 商业会计，2022，No.724（04）：87-90.

[7] 陶海秀. 区块链技术对高校财务会计领域的影响研究 [J]. 商讯，2021，No.251（25）：32-34.

[8] 熊婷. 智慧校园背景下高校财务信息化平台建设研究 [J]. 纳税，2021，15（20）：139-140.

[9] 徐琴. 区块链技术对高校财务会计领域的影响分析 [J]. 科技经济导刊，2021，29（14）：62-63.

[10] 王丹，黄秀义，赵汝奎. 管理会计在高校财务会计转型中的应用与实践研究 [J]. 当代会计，2021（3）：141-142.

[11] 李美. 大数据时代会计信息化面临的风险和对策当代会计 [J]. 2020（5）：151-152.

[12] 杨非. "智慧校园" 环境下的高校财务信息化平台建设 [J]. 甘肃科技，2020，36（16）：92-94.

[13] 郑雪兰. 高校财务信息化平台建设的问题研究 [J]. 审计与理财，2020（3）：50-51.

[14] 何雨谦. "互联网+教育" 背景下高校财务会计课程智慧教学改革

模式研究［J］.湖北开放职业学院学报，2020，33（13）：141-142.

［15］唐勇.网络经济环境下高校财务会计的优化方式初探［J］.中国市场，2020（17）：161-162.

［16］王舫.浅议高校财务会计信息化建设策略［J］.纳税，2020，14（16）：131，133.

［17］许晶.信息化时代高校财会人员队伍的建设现状及对策分析［J］.当代会计，2020，No.96（12）：137-138.

［18］石巍.云计算背景下的高校财务信息化探讨［J］.改革与开放，2019，No.511（10）：12-14.

［19］苏钰雅.基于云计算的高校财务信息化建设对策［J］.知识经济，2019，No.505（21）：63-64.

［20］徐菱.高校财务信息化建设研究［J］.中国管理信息化，2018，21（10）：45-47.

［21］吴士英.高校财务信息化平台建设研究［J］.当代经济，2016（27）：52-53.

## 【学位论文】

［1］王俊琳.CD大学财务信息化建设难点及对策研究［D］.成都：成都大学，2022.

［2］孙田鑫.高校财务管理信息化平台建设研究［D］.北京：中央民族大学，2021.

［3］谢小乐.Q高校财务管理信息化建设研究［D］.南昌：江西财经大学，2021.

［4］钱璐.M高职院财务信息化协同问题研究［D］.镇江：江苏科技大学，2021.

［5］禹秀丽.信息化背景下H大学财务服务优化研究［D］.西安：长安大学，2021.

［6］刘季涵.大智移云背景下湖南大学财务信息化建设改进研究［D］.长沙：湖南大学，2020.

［7］陈微.YZ师范学院财务信息化智能改进研究［D］.南昌：南昌大

学，2020.

[8] 刘九舒. 河海大学财务管理信息化平台建设研究［D］. 兰州：兰州大学，2019.

[9] 董彦达. S大学财务信息化建设研究［D］. 镇江：江苏大学，2019.

[10] 韦一滨. Y高校财务管理信息化建设优化研究［D］. 南宁：广西大学，2019.

[11] 耿旭宁. 基于财务共享服务视角的H高校财务管理信息化构建研究［D］. 石家庄：河北地质大学，2019.

[12] 邓语芊. 高校财务信息化建设研究［D］. 深圳：深圳大学，2017.

[13] 李宛融. 论数字化时代高校财务管理信息化［D］. 哈尔滨：哈尔滨师范大学，2017.

[14] 任莹莹. 信息化背景下高校财务管理存在的问题及对策［D］. 宁波：宁波大学，2017.

[15] 金俊荣. 财务管理信息化的构建研究［D］. 南京：南京邮电大学，2015.

## 【网络】

[1] 人民网. 中国移动互联网行业分析报告——市场现状与发展趋势分析［EB/OL］.

[2] 中工网. 财政部：深化政府及非营利组织会计改革夯实现代财政制度基础［EB/OL］.

[3] 新华社. 2006-2020年国家信息化发展战略［EB/OL］.